Jürgen Höller

Taekwondo

Eine systematische Annäherung

Jürgen Höller

TAEKWONDO

Eine systematische Annäherung

ibidem-Verlag
Stuttgart

Die Deutsche Bibliothek - CIP-Einheitsaufnahme:

Ein Titeldatensatz für diese Publikation ist bei
Der Deutschen Bibliothek erhältlich

∞

Gedruckt auf alterungsbeständigem, säurefreien Papier
Printed on acid-free paper

ISBN: 3-89821-089-8

© *ibidem*-Verlag
Stuttgart 2001
Alle Rechte vorbehalten

Das Werk einschließlich aller seiner Teile ist urheberrechtlich geschützt. Jede Verwertung außerhalb der engen Grenzen des Urheberrechtsgesetzes ist ohne Zustimmung des Verlages unzulässig und strafbar. Dies gilt insbesondere für Vervielfältigungen, Übersetzungen, Mikroverfilmungen und elektronische Speicherformen sowie die Einspeicherung und Verarbeitung in elektronischen Systemen.

Printed in Germany

Danksagung

Die Binsenweisheit, dass ein Buch niemals nur aus den Bemühungen eines Einzelnen resultiert, trifft natürlich auch auf das hier vorliegende zu.

Neben den Verfassern zahlreicher Bücher und Zeitschriftenaufsätze möchte ich mich vor allem bei folgenden Personen bedanken, die direkt oder indirekt am Zustandekommen dieses Buches beteiligt waren:

- Peter Sniehotta, 5. Dan Taekwondo, der mir wichtige Impulse während meiner Ausbildung an der Trainerakademie Köln vermittelte;
- Helga Peisker und Michael Walther, die als „Fotomodelle" fungierten;
- Claudia Born, die mir beim Korrekturlesen half (verbliebene Fehler gehen auf meine Kappe!);
- Axel Maluschka, der das undankbare Geschäft übernahm, das Buch in eine lesbare Form zu bringen;
- Christian Schön vom *ibidem*-Verlag, der Axel Maluschka und mir mit fachmännischen und dennoch unkomplizierten Ratschlägen zur Seite stand;
- last but not least bei meinen Schülern, durch die und mit denen ich lernen durfte!

In freundschaftlicher Verbundenheit
Jürgen Höller

Inhaltsverzeichnis

1	Taekwondo als Sport in Schule und Verein	11
1.1	Einleitung zu Teil 1	11
1.1.1	Zur Literatursituation	11
1.1.2	Informationsquellen der vorliegenden Arbeit	14
1.2	Didaktische Begründung des Taekwondo in Schule und Verein	15
1.2.1	Pädagogische Aspekte	16
1.2.1.1	Erziehung zur Härte gegen sich selbst	18
1.2.1.2	Der Beitrag des Taekwondo zur Aggressionsbewältigung	21
1.2.1.3	Zum Lehrer-Schüler-Verhältnis im Taekwondo-Unterricht	23
1.2.2	Physiologische (konditionell-koordinative) Aspekte	26
1.2.2.1	Die koordinativen Fähigkeiten als motorische Leistungsvoraussetzungen	26
1.2.2.2	Die Bedeutung der Kraft im Taekwondo	33
1.2.2.3	Die Schnelligkeit	34
1.2.2.4	Die Ausdauer	35
1.2.2.5	Die Beweglichkeit	37
1.2.3	Affektiv - emotionale Aspekte	38
1.2.4	Kognitive Aspekte	40
1.3	Materielle Voraussetzungen des Taekwondo-Unterrichts	41
1.4	Personelle Voraussetzungen des Taekwondo-Unterrichts	42
1.5	Zum Problem der Lernerfolgskontrolle und -bewertung im Taekwondo	43
1.5.1	Das Graduierungssystem im Taekwondo als Möglichkeit zur Überprüfung der technischen Fertigkeiten	44
1.5.2	Lösung taktischer Aufgaben an der Handpratze und mit dem Partner	45
1.5.3	Bewertung konditioneller Fähigkeiten und Leistungen	46
1.5.4	Überprüfung des theoretischen Wissens	48
1.6	Zum Aufbau des inhaltlichen Programms	48
1.7	Zur Biomechanik der Taekwondo-Techniken	50
1.7.1	Prinzip des optimalen Beschleunigungsweges	51
1.7.2	Prinzip der optimalen Tendenz im Beschleunigungsverlauf	51

1.7.3	Prinzip der Anfangskraft	52
1.7.4	Prinzip der zeitlichen Koordination von Teilimpulsen	53
1.7.5	Prinzip der Gegenwirkung	54
1.7.6	Prinzip der Impulserhaltung	56
1.7.7	Prinzip der minimalen Trefferfläche	56
1.8	Die Handlungssysteme im Taekwondo	57
1.9	Ordnungs- und Organisationsformen im Taekwondo	60
1.10	Zur Terminologie des Taekwondo	64
1.11	Das Modelltraining im Taekwondo	64
1.11.1	Die Grundschule	66
1.11.1.1	Die Abwehren (-Makki)	66
1.11.1.2	Zur Lehrweise der Abwehrtechniken	70
1.11.1.3	Die Stöße (-Chirugi)	71
1.11.1.4	Die Schläge (-Chiki)	74
1.11.1.5	Zur Lehrweise von Stoß- und Schlagtechniken	77
1.11.1.6	Die Beintechniken (-Chagi)	79
1.11.1.7	Zur Lehrweise der Beintechniken	85
1.11.2	Zur Trainingspraxis der Grundschule	87
1.11.3	Der Einschrittkampf (Hanbon-Kyorugi)	88
1.11.3.1	Die Ausführung des Hanbon-Kyorugi	89
1.11.3.2	Zur Lehrweise des Hanbon-Kyorugi	91
1.11.4	Der Bruchtest (Kyek-Pa)	91
1.11.5	Die Bewegungsformen (Poomse)	92
1.11.5.1	Zur Lehrweise der Bewegungsformen	95
2	Zur Systematisierung der Taktik im modernen Wettkampf-Taekwondo	97
2.1	Einleitung zu Teil 2	97
2.2	Das Sportkampfsystem (Kyorugi)	98
2.2.1	Die Folgen der Versportlichung der Kampfkunst Taekwondo	98
2.2.2	Zur Strategie und Taktik im Taekwondo-Sportkampf	103
2.2.3	Theoretisches Modell der Kampfhandlung im Taekwondo	106
2.2.3.1	Unterscheidung zwischen Vorbereitungshandlungen und „echten" Handlungen	106
2.2.4	Die Struktur der Kampfhandlung	108
2.2.4.1	Wahrnehmung und Analyse der Kampfsituation	109
2.2.4.2	Die gedankliche Lösung der Kampfaufgabe	119
2.2.4.3	Die motorische Lösung der Kampfaufgabe	121

2.3	Die Kampfstellung als Ausgangspunkt jeder Kampfaktion	122
2.3.1	Zur Trainingspraxis der Kampfstellung	124
2.3.2	Deckungsverhalten aus der Kampfstellung	124
2.3.3	Zur Trainingspraxis des Deckungsverhaltens	128
2.4	Zur Theorie der Distanzregulation I (Angriffsvorbereitung)	128
2.4.1.1	Die Steppschule (Technik der Distanzregulation I)	132
2.4.1.2	Die Technik der stationären Stepps	132
2.4.1.3	Stepps zur Distanzverkürzung	137
2.4.1.4	Die *Technik* der Stepps zur Distanzverkürzung	140
2.4.1.5	Stepps zur Distanzverlängerung (Defensivstepps)	147
2.4.1.6	„Sliding" (=Nachschleifen des Standbeins gleichzeitig mit der Ausführung einer Technik") als Distanzfeinregulation	150
2.4.1.7	Zur Trainingspraxis der Stepps	151
2.4.2	Finten als Bestandteil der Distanzregulation I	152
2.5	Die zeitliche Komponente einer Kampfhandlung	155
2.5.1	Die Wahl des richtigen Zeitpunkts für die Kampfhandlung	156
2.5.2	Einsatz des unterbrochenen Rhythmus'	160
2.6	Die Problematik des Transfers vom kontaktlosen Modelltraining auf den Vollkontaktmodus der Kampftechniken	163
2.7	Die Anwendung der Techniken zur Punkterzielung	167
2.8	Die Kyorugi-Techniken im Taekwondo als motorische Lösungen der Kampfaufgabe	168
2.8.1	Paltung-Chagi (Spanntritt zum Bauch)	169
2.8.2	Dollyo-Chagi (Halbkreisfußtritt zum Hals oder Kopf)	171
2.8.3	Dwit-Chagi (Rückwärtstritt)	172
2.8.4	Miro-Chagi (Schubtritt)	174
2.8.5	Naeryo-Chagi (Fußabwärtsschlag)	175
2.8.6	Yop-Chagi (Seitwärtstritt)	177
2.8.7	Pandae-Dollyo-Chagi (Fersendrehschlag)	179
2.8.8	Jumok-Chirugi (Fauststoß)	180
2.8.8.1	Pandae-Chirugi (Fauststoß auf der Seite des vorderen Beins)	181
2.8.8.2	Paro-Chirugi (Fauststoß auf der Seite des hinteren Beins)	182
2.9	Der Einsatz von Hilfsmitteln in der Trainingspraxis	184
2.9.1	Die Handpratze	184
2.9.1.1	Das Training von Einzeltechniken an der Handpratze	185
2.9.1.2	Die Trainingsweise kombinierter Kyorugi-Techniken an der Handpratze	187
2.9.2	Die Armpratze	192

2.9.3	Der Sandsack	194
2.9.4	Der Spiegel	199
2.9.5	Das Sprungseil	200
2.9.6	Fahrradschlauch, Deuser-Band	201
2.9.7	Die Schutzausrüstung	201
2.10	Zur Theorie und Praxis der Distanzregulation II (Angriffssicherung)	202
2.11	Die Dokumentation taktischer Kategorien durch Videoanalyse	205
2.12	Erläuterungen zum Notationssystem in der Rundenanalyse	207
2.13	Schlusswort	210
3	Anhang	211
3.1	Anhang 1 - Dojang-Etikette	211
3.2	Anhang 2 - Beispiele für einen Taekwondo-Zirkel zur Schulung der speziellen Ausdauer	213
3.3	Anhang 3 - Videoanalyse	215
3.4	Anhang 4 – Handlungskomplexe	221
4	Literatur	225

1 Taekwondo als Sport in Schule und Verein

1.1 Einleitung zu Teil 1

Mit der Genehmigung zur „Durchführung eines Differenzierten Sportunterrichts in Taekwondo" des Bayerischen Kultusministeriums vom 16.5.1990 hat Taekwondo als Wahlpflichtfach, bisher vorerst nur an einem Münchner Mädchengymnasium, Fuß gefasst[1]. Ansätze, Taekwondo als Schulsport einzuführen, existierten bisher nur durch die Eigeninitiative engagierter Sportlehrer, die Taekwondo in Form von Arbeitsgemeinschaften anboten, ohne in den Kanon der Schulsportarten integriert zu sein. Die Frage, die sich bei der Betrachtung von „Taekwondo als Schulsport" stellt, ist die, ob eine Sportart - umfassender formuliert, eine Kampfkunst wie Taekwondo, die „vordergründig" gesehen aus „aggressiven" Handlungen wie Treten, Stoßen und Schlagen besteht - mit den erzieherischen Intentionen des Schulsports vereinbar ist oder ob das Gewaltpotential durch die Einführung des Taekwondo gesteigert wird. Durch das verzerrte Bild, das in der Öffentlichkeit von Kampfkünsten wie Karate, Taekwondo und Kung-Fu existiert, besteht für die Einführung des Taekwondo als Schulsport ein verstärkter Legitimationszwang.

Das Ziel der vorliegenden Arbeit ist es, die Struktur des Taekwondo transparent zu machen und eine Begründung für Taekwondo als Schul- und Vereinssport zu liefern.

1.1.1 Zur Literatursituation

Taekwondo ist eines der sogenannten „harten" Kempo-Systeme*, zu denen auch Karate und die nördlichen Kung-Fu-Systeme zählen. Diese Systeme ähneln sich sehr, was ihre Grundtechniken angeht. Die Erläuterungen zur Literatursituation

---

[1] vgl. Bolz, 1990, 20

betreffen die Gesamtheit dieser harten Kampfsysteme. Vereinfacht lassen sich folgende Kategorien von Literatur unterscheiden[2]:

a) Bücher für absolute Anfänger

Diese Kategorie beschränkt sich auf die Darstellung der grundlegenden Techniken und Stellungen.

b) Bücher zur Selbstverteidigung

Die Selbstverteidigung stellt nur *ein*, wenn auch sehr wichtiges, so doch sehr spezielles Handlungssystem aus dem Gesamtbereich der harten Systeme dar, das zu seiner Meisterung auch sogenannte „dirty tricks", Würfe u. a. verlangt, und somit erfolgreich nur von Fortgeschrittenen mit *Kampferfahrung* gemeistert werden kann. Die meisten Bücher dieser Kategorien sind als unbrauchbar, da zu unrealistisch, einzustufen.

c) Bücher über Geschichte und Philosophie der Kampfkünste

Zur Geschichte der Kampfkünste sind die Autoren zum großen Teil auf Spekulationen angewiesen,[3] in Bezug auf die Philosophie, die den Kampfkünsten zugrunde liegt, dem Zen-Buddhismus, liegt die Schwierigkeit darin, dass der Zen-Buddhismus eine Durchbrechung der Rationalität anstrebt und eine verbale Darstellung nur eine ungefähre Annäherung sein kann.[4]

d) Bücher über Waffen, die in einzelnen Stilen in Ergänzung zum waffenlosen Training gebraucht werden

Eine Besprechung erübrigt sich in diesem Zusammenhang.

---

[2] zum folgenden siehe auch Anderson, 1980

[3] vgl. Kwon, Choi, Haines,

[4] Kwon, Suzuki

e) Bücher über die Formen der einzelnen Systeme

Formen (jap. Kata, korean. Hyong/Poomse, chin. Kuen) sind festgelegte Folgen von Abwehren und Angriffen, die in einem vorgeschriebenen Diagramm ausgeführt werden. Neben der Art der Wettkampfausübung stellen vor allem die Formen ein Mittel der Abgrenzung der Systeme untereinander dar.

f) Bücher über den Sportkampf

Diese Gruppe stellt zahlenmäßig den kleinsten Anteil in Relation zum gesamten Bücherangebot. Meist handelt es sich um Auflistungen der Kampfkombinationen ehemaliger Champions. Eine systematische Anleitung fehlt nahezu völlig. Ansätze zu einer nicht nur technischen Sicht des Kampfes, sondern Versuche einer Einbeziehung auch nichttechnischer Aspekte finden sich vor allem bei La Tourette, 1982/Anderson, 1980/Lee, 1978/Park, 1984/Ko, 1980.

Zusammenhängende Darstellungen, die pädagogische, organisatorische, nichtkodische und inhaltliche Gesichtspunkte des Taekwondo berücksichtigen und die Möglichkeiten seiner Nutzbarmachung für den Schulsport aufzeigen, sind in der Fachliteratur noch nicht vorhanden.

* Herkömmlicherweise wird Taekwondo zu den Budo-Systemen gerechnet, wobei „Budo" als Oberbegriff einer Vielzahl auch nicht-japanischer Kampfkünste gebraucht wird. Dagegen spricht folgendes: Der Terminus „Bu" hat zwei Bedeutungen
- Bu, Bushi ist die Bezeichnung für den *japanischen* Ritter
- Bu bedeutet aber auch: „[...] den Kampf anhalten und ihn beenden."[5]

---

[5] Deshimaru-Roshi, 1978, 24

Budo meint dementsprechend eine ganz spezifische japanische Einheit aus Kampfsystemen und der dahinter stehenden Philosophie. „Das japanische Budo ist die Einheit der Kampfkünste und des zen".[6] Zwar sind im Falle des Taekwondo weitestgehende Parallelen in der Struktur und Philosophie vorhanden, doch ist nach Meinung des Verfassers die Bezeichnung „Budo" als Sammelbegriff nicht zufriedenstellend. Die Sammelbezeichnung „martial arts" ist geographisch neutral, lässt aber den philosophischen Bezug vermissen. Das (japanische) Wort „Kempo"[7] bietet sich als Oberbegriff an, da es

> „[...] die nationale Spezifik und die Besonderheiten der verschiedenen Zweige nicht wiedergibt, [...]"

> „Kempo ist die Lehre, der ganze Komplex einer geistigen und körperlichen Kultur, es sind die viele Jahrhunderte alten Traditionen des Kampfes, die sich in ununterbrochener Entwicklung befinden. Kempo ist der Weg zur Realisierung der im Osten populären Konzeption der Einheit vom Mikrokosmos der menschlichen Persönlichkeit und dem Makrokosmos, vom Erreichen einer Harmonie mit der Welt und mit sich selbst."[8]

1.1.2 Informationsquellen der vorliegenden Arbeit

Bei der Informationsbeschaffung für die vorliegende Arbeit erwies es sich als unumgänglich, auf die Literatur über andere Sportarten zurückzugreifen. Die Gründe dafür sind folgende:

a) Die sportwissenschaftliche Aufarbeitung des Taekwondo befindet sich noch in einem Anfangsstadium. Wissenschaftliche Untersuchungen und systematische, sportwissenschaftlich fundierte Abhandlungen zur Sportart Taekwondo existieren z. Zt. der Abfassung nach Wissen des Autors nicht.

---

[6] Deshimaru-Roshi, 1978, 38

[7] Dolin, 1988, 12 f.

[8] Dolin, 1988, 13

b) Durch *Bewegungsverwandtschaften* zu den japanischen Karate-Stilen, aber auch zu Sportarten wie Boxen, Fechten und gewissen Teilbereichen der Leichtathletik ist es partiell möglich, deren Schrifttum heranzuziehen.[9]

c) Allgemeingültige Gesetzmäßigkeiten aus Biomechanik und Bewegungslehre sind auch auf Taekwondo als Sport übertragbar.

d) Problembereiche, die Strategie und Taktik berühren, weisen Strukturähnlichkeiten mit denen von Fechten, Boxen und anderen Kampfsportarten auf (Probleme von Distanzkontrolle, Rhythmus, Angriffsvorbereitung u.a.).

Neben den oben erwähnten Literaturkategorien bildet die eigene Erfahrung des Autors im Kampfsportbereich als Schüler, Kämpfer und Lehrer aus 36 Jahren Praxis eine weitere Informationsquelle.

1.2 Didaktische Begründung des Taekwondo in Schule und Verein

Während die Sportart Judo Eingang in den Kanon der Schulsportarten gefunden hat und in ihrer pädagogischen Relevanz nicht mehr umstritten ist, bedarf die Aufnahme einer Sportart wie Taekwondo, der mit mancherlei Ressentiments begegnet wird, der eingehenden Begründung bzw. Rechtfertigung. Clemens umreißt die Situation für Kampfsportarten allgemein folgendermaßen:

> „Die Aufnahme von Kampfsportarten in das schulische Sportangebot stößt vielerorts auf Schwierigkeiten, wobei diese Schwierigkeiten nur in Ausnahmefällen, z. B. durch sportmedizinische Bedenken beim Boxsport, überzeugend begründet werden."[10]

Die sogenannten „Eastern", d. h. Filme, in denen Auseinandersetzungen mit Hilfe von Kampftechniken ausgetragen werden und die bedenkenlose Anwendung von Gewalt zur Konfliktlösung propagiert wird, haben einerseits zu einer hohen Bewunderung für die artistischen Kampftechniken mit gleichzeitiger Überschät-

---

[9] vgl. Jakhel, 1989, 30 ff.
[10] Clemens, 1989, 13

zung der Exponenten dieser Kampfkünste in der nicht fachkundigen Bevölkerung geführt. Andererseits haben diese Filme dazu beigetragen, die Angst vor einer als „Schlägersport" angesehenen Kampfkunst zu wecken oder wach zu halten, verbunden mit der Befürchtung, nur hochgradig aggressive Menschen würden eine solche Sportart ausüben. Einer rationalen Betrachtung steht auch der Mystizismus und das exotische Flair, das eine asiatische Kampfkunst wie Taekwondo angeblich umgibt, entgegen. Weithin verbreitet ist auch der Trugschluss, dass bei einer Sportart, bei der getreten und geschlagen wird, die Verletzungsgefahr äußerst hoch sei. Dass diese Vorurteile noch nicht ausgeräumt sind, liegt u. a. an der mangelhaften Öffentlichkeitsarbeit der betroffenen Verbände, die es versäumt haben, Kampfkünste wie Karate und Taekwondo *umfassend* der Öffentlichkeit bekannt zu machen und darauf hinzuweisen, dass neben der kämpferischen (harten) Komponente auch erzieherische, philosophische, ästhetische und künstlerische Elemente Bestandteile einer Kampfkunst sind. Der zentrale Punkt und damit die Beantwortung der Frage, ob und wie das pädagogische Potential des Taekwondo zur Entfaltung gebracht werden kann, liegt in der Art des Unterrichts und ist damit an die *Ausbildung und Persönlichkeit des Lehrers* gebunden.

1.2.1 Pädagogische Aspekte

Im Taekwondo bilden die äußeren normativen Bedingungen, die Dojang-Regeln und die Etikette, keine Unterdrückung individueller Freiheit, sondern ein Medium zur Kanalisierung der freiwerdenden Kraft.

> „Damit beim Taekwondo die körperliche Kraft in die richtige Bahn gelenkt wird, ist es äußerst wichtig, dass alle Teilnehmer regelmäßig, diszipliniert und unter Einhaltung der Regeln am Training teilnehmen. Ferner müssen die Mitglieder innerlich gefestigt, d. h., nicht leicht erregbar sein. Wichtig ist also, dass die Taekwondo-Sportler nicht spontan ihren Gefühlen nachgeben, sondern vor einem Angriff nachdenken und eine bescheidene Haltung einnehmen. Das höchstes Ziel des Taekwondo-Trainings ist es, nicht rücksichtslos vorzugehen, sondern die persönliche Geisteshaltung auszubilden. [...] Ohne die Beachtung

der Ziele und Inhalte kann Taekwondo zu einem gefährlichen und brutalen Sport werden."[11]

In diesem Abschnitt klingt an, dass eine rein physische Kampftechnik eines geistigen Gegengewichts bedarf, um nicht zur bloßen Gewalttätigkeit zu entarten. Die *richtige Geisteshaltung im Taekwondo* lässt sich nach Kim mit folgenden Zentralbegriffen umreißen:[12]

- Gerechtigkeit (Tschong Ui)
- Höflichkeit (Jä Ui)
- Ehrgefühl (Jom Tschi)
- Geist der Einheit (Tschong Sin Tong il)
- Unermüdlichkeit (Back Zul Bul Gul)
- Geduld (In Nae)
- Bescheidenheit (Kyom Son)

In einer solchen Geisteshaltung sind Überheblichkeit wegen sportlicher Überlegenheit oder Respektlosigkeit fehl am Platz. Der Dualismus von der Ausbildung der Kampffähigkeit und ihre wirksamen Kontrolle durch geistige Schulung findet sich auch bei Platon, wo im Dialog über die Ausbildung der „Wächter des Staates" die Notwendigkeit der Abstimmung körperlicher und musischer Ausbildung betont wird.[13].

Die Einstellung zum Lehrer und zum Partner dokumentiert sich durch die Grußform der Verbeugung, die gegenseitige Achtung und Respekt bezeugen soll. Der Lehrer muss im Unterricht den Schülern den Hintergrund und Sinn dieser Formen deutlich machen, damit die *Etikette* nicht nur als exotisches Beiwerk angesehen wird. Die Dojang-Regeln verlangen, dass Animositäten, die vielleicht außerhalb des Unterrichts bestehen, nicht in den Taekwondo-Unterricht hineingetragen werden. Jeder ist dazu angehalten, *mit jedem Partner zu kooperieren*, d.h. als Übungspartner zur Verfügung zu stehen. Profilierungsversuche Einzelner auf Kosten Schwächerer sind vom Lehrer sofort zu unterbinden. Die Einsicht in die

---

[11] Kim, 1985, 16

[12] vgl. Kim 1985, 15

[13] vgl. Platon, 1974, 410 c - 411 a

Verantwortung für den Partner soll im Unterricht geweckt werden. Damit verbunden ist die *Hilfestellung*, die jeder seinem Partner leistet. Durch häufigen Partnerwechsel bei den Übungen lernen sich die Schüler kennen und entwickeln ein *Gruppenzugehörigkeitsgefühl*.

Der Taekwondo-Unterricht ist *koedukativer Natur*. Die weiblichen Schüler sind in der Lage, durch die Technikpräferenzen des Taekwondo (ca. 70 % Fußtechniken) gleiche oder sogar, durch ihre größere Beweglichkeit bedingt, bessere Leistungen als die männlichen Schüler zu erbringen. Dieser Tatbestand ist dazu geeignet, *veraltete Rollenklischees* abzubauen und das *Selbstwertgefühl zu steigern*. Gespräche mit Schülerinnen des Verfassers haben interessanterweise ergeben, dass nicht die eigentliche erreichte Effektivität, sondern auch schon allein die Beschäftigung mit Kampftechniken das *Selbstbewusstsein der Mädchen* stärkt. In der Auseinandersetzung und dem Vergleich mit den männlichen Schülern erleben die weiblichen Teilnehmer, dass sie ebenbürtig sind und sich auch durchsetzen können. Durch die Kampfübungen und das Pratzentraining erwerben die Schüler eine Grundlage, auf der weiterführende Selbstverteidigungskurse aufbauen können.

In der Erziehung zum und durch Taekwondo wird auch der *Aspekt der Hygiene* mit einbezogen. Der Lehrer muss darauf achten, dass Hand- und Fußnägel kurz geschnitten sind und dass nach dem Unterricht geduscht oder sich zumindest gewaschen wird.

1.2.1.1 Erziehung zur Härte gegen sich selbst

Im traditionellen Sinne beinhaltet eine Kampfkunst wie Taekwondo ein Konzept, das Auswirkungen auf alle Lebensbereiche hat. Die Kampfkunst Taekwondo kann damit auch als eine Hilfe zur Lebensbewältigung gesehen werden. Fredersdorf schreibt dazu:

> „[...] mit Hilfe einer Budo-Kunst kann man unter richtiger Anleitung grundsätzliche Erfahrungen sammeln, z. B. mit den Reaktionen des eigenen Körpergefühls, mit der Überwindung von Erfolgen und Misserfolgen innerhalb eines schwierigen Lernprozesses, mit der Auseinandersetzung zu den Mitmenschen, zur Natur, zu technischen Geräten, mit den Weiten und Grenzen der persönlichen psychischen und

physischen Leistungsfähigkeiten, etc., die, etwa im Sinne sportpädagogischer Transfertheorien, auf den gesamten Lebenszusammenhang des Individuums Rückwirkungen zeigen. Das Üben bestimmter Künste, das Beschreiten des Weges, die Ausformung eines Reifeprozesses dauern nach den Vorstellungen der Budo-Meister das gesamte Leben. Jeder Mensch, ungeachtet seiner persönlichen Vorbedingungen, kann diesen Weg begehen."[14]

Taekwondo ist eine Kampfkunst, deren Endung -DO darauf hinweist, dass ihr Wesen darin besteht, durch die Hingabe des Schülers an die Sache die *Charakterbildung als Ziel* anzustreben, während die praktische Verwertbarkeit nur von sekundärem Rang ist.

„[...] the purpose of budo is not to gain a wide knowledge for the purpose of fighting; rather, the purpose of budo is to gain a very, very deep knowledge of one's art in order to perfect one's character and see more clearly and deeply into the nature of one's existence."[15]

Taekwondo war ursprünglich eine *Sache auf Leben und Tod*. Wegen dieses *Totalitätsaspektes* und der existentiellen Bedeutung verlangte die Kampfkunst Taekwondo eine Integration ins Leben des Schülers mit einer Ausstrahlung auf sämtliche wichtige Teilbereiche. Deshimaru-Roshi gibt diesen Sachverhalt folgendermaßen wieder:

„[...] die Kampfkünste sind weder Sport noch Spiel. Vielmehr liegt in ihnen ein weit tieferer Sinn: der Sinn des Lebens überhaupt! Und damit der Sinn des Todes, denn diese beiden sind untrennbar miteinander verbunden."[16]

Eine derartige totale Ausrichtung des gesamten Lebensstils nach den Postulaten einer Kampfkunst ist in unserer industrialisierten, westlichen Welt in extremer Weise weder wünschenswert noch durchführbar. Trotzdem muss es ein wichtiges Anliegen des Lehrers sein, diesen Aspekt der Kampfkünste den Schülern bewusst zu machen und als Merkmal darzustellen, das den herkömmlichen Sport transzendiert. Die Ernsthaftigkeit und Unbedingtheit der Kampfkunst Taekwondo zeigt sich für den Schüler auch darin, dass er im Unterricht auch mit *Schmer-*

---

[14] Fredersdorf, 1986, 76

[15] Hassell, 1986, 96

[16] Deshimaru-Roshi, 1978, 95

zen als einem Aspekt der Übung konfrontiert werden kann. Diese nur auf den ersten Blick erschreckende Tatsache führt jedoch zu bestimmten Wirkungen. Der Schüler lernt:

> „[...] den auftretenden Widrigkeiten nicht so übergroße Bedeutung beizumessen, sondern dem Durchführen der Übung in der vorgeschriebenen Weise absolut den Vorrang zu geben."[17]

In letzter Konsequenz gibt es auch nicht die Möglichkeit, „mal ein bisschen Taekwondo zu machen".

> „Dojo-Etikette und Übungsdisziplin lassen einem nur die Wahl, die leidvollen Aspekte der Übung zu akzeptieren und sie zumindest mit äußerer Gelassenheit zu ertragen oder die Übung im Dojo aufzugeben."[18]

Einen weiteren Schmerzaspekt beschreibt Tiwald:

> „Ein Kampfsport ohne die geringste Schmerzgefahr entbehrt eines wichtigen aggressionsabbauenden Regulativs."[19]

> „Dieser Mechanismus ist nicht so zu verstehen, dass einfach durch das eigene Erlebnis des Schmerzes die eigene Aggression abgebaut wird. Dies würde eher zur Angst führen. Sondern in der Weise, dass einerseits konkret erlebbar wird, dass eigene Wut blind macht, die Kampfstärke schwächt und dadurch zur Ursache von Schmerz wird, andererseits aber ein Gefühl für die Wirkung der eigenen Aktion beim Gegner erzeugt wird. Dies entwickelt eine Einfühlung in das Leid des Gegners und beseitigt zumindest die gedankenlose Leidverursachung."[20]

Die Einfühlung in das Leid des Gegners entwickelt das Gefühl der Verantwortlichkeit für den Anderen beim Schüler. Dieses tritt als innere Regulation neben den äußeren Rahmen, der durch Etikette und Dojang-Disziplin vorgegeben wird.

Taekwondo als Kampfkunst zeigt darüber hinaus die Möglichkeit eines grundsätzlichen Lebensstils auf, der als Gegengewicht zur übermäßigen Konsumorientiertheit aufgefasst werden kann. Hassell schreibt dazu:

---

[17] Obereisenbuchner, 1987, 181
[18] Obereisenbuchner, 1987, 180
[19] Tiwald, 1981, 36
[20] Tiwald, 1981, 93

> „I was always taught the 'hard way' was the only way to learn karate. In the Buddhist tradition, the Japanese are taught there are two ways to go through the life. One is the way of jiriki (the way of self-denial and self-reliance) and the other is tariki (the way of reliance on others). My teacher explained jiriki is the way of walking along the road, facing and overcoming all obstacles. Tariki, he said, is like riding through life in a limousine with a chauffeur at the wheel. He said most people go through life in the tariki manner, and they never gain real strength or deep insight into themselves. When he spoke of jiriki as a way in karate, he called it nangyo-do [the way of hardship]. 'If you take the easy way,' he warned, 'you cannot learn karate-do'."[21]

1.2.1.2 Der Beitrag des Taekwondo zur Aggressionsbewältigung

Die Skala der Bewertungen der innewohnenden Aggressivität und Aggression, die (angeblich) durch das Betreiben von Kampfsport ausgelöst werden soll, reicht von der Betrachtungsweise, nach der sie:

> „[...] wesentlicher Ausdruck und zugleich wesentlich mitbedingende Ursache des immer schneller sich drehenden Teufelkreises der Gewalt [ist]. Es gilt, Kampfsport und all die mit ihm einhergehende Ideologie aus unserem Leben zu bannen, [...]"[22]

bis hin zu einer Position, die davon ausgeht, dass intensives Training im Taekwondo automatisch zu einer moralisch gefestigten, sozial verantwortungsvoll handelnden Persönlichkeit heranbildet.[23]

Beide Extrempositionen sind nicht geeignet, den Einfluss des komplexen Unterrichtsgeschehens auf die Aggressionsbereitschaft des einzelnen Schülers adäquat wiederzuspiegeln. Ein erstes Problem liegt in dem Begriff der Aggression selbst:

> „Der bei uns geläufige Begriff von ‚Aggression' ist wesentlich geprägt vom Behaviorismus, für den es in der Psychologie nur das äußerlich beobachtbare Verhalten gibt. Dementsprechend gehen in die Definition der Aggression nur die äußerlich beobachtbare Bewegung und deren destruktive Folgen ein. Aus dieser Sicht gibt es dann kein ‚Verhalten' ohne Bewegung und daher auch keine Aggression ohne

---

[21] Hassell, 1985, 96

[22] Goldner, 1988, 202

[23] vgl. Choi, 1965, 19

Bewegung. Ein derartiger aus der Tierbeobachtung stammender Begriff von Aggression ist in keiner Weise geeignet, die für das menschliche Verhalten wesentlichen Dimensionen zu fassen, weil er das typisch Menschliche, *bei dem auch das bewußte Unterlassen einer Bewegung eine Handlung ist,* sozusagen ‚wegoperationalisiert'."[24]

Mit dem vieldeutigen Gebrauch des Wortes „Aggression" ist kein Erkenntnisgewinn in Bezug auf ihre Ursachen verbunden. Fromm differenziert den umgangssprachlichen Begriff der Aggression und schreibt in seinem Buch „Anatomie der menschlichen Destruktivität":

„Ich habe [...] den Begriff ‚Aggression' für Reaktionen und Abwehr gegen Angriffe benutzt, die ich zusammenfassend als ‚gutartige Aggression' bezeichne. Die spezifisch menschliche Leidenschaft zu zerstören und absolute Kontrolle über ein Lebewesen zu haben (die ‚bösartige Aggression') dagegen bezeichne ich als ‚Destruktivität' und ‚Grausamkeit'."[25]

In Anlehnung an Fromms Begrifflichkeit soll im Folgenden aufgezeigt werden, welchen Beitrag Taekwondo zur Kanalisierung der angeborenen, „gutartigen" Aggression und zur Verhinderung der „bösartigen Aggression" oder Destruktivität leisten kann. Die implizite Gleichsetzung des phänotypischen Verhaltens mit einem korrespondierenden Bewusstseinszustand ist nicht automatisch gewährleistet. Eine Zerstörungsabsicht oder der unbedingte Wille zur Zerstörung ist ein Kennzeichen, das dem Kampfsport im Normalfall nicht zuzuschreiben ist. Die Bestimmung, ob ein Verhalten aggressiv ist oder nicht, ist abhängig vom inneren Zustand.

„Jede menschliche Aggression ist begleitet von einem inneren Zustand, von einem Gemisch aus Angst, Wut und Hass, während die äußere Bewegung bei aggressivem Verhalten auch fehlen kann."[26]

Diese Gefühle *beeinträchtigen die Wahrnehmung und das Denken.* Sie verleiten zu vorschnellen, unpassenden Aktionen. Daher sind sie ungeeignet, um optimal agieren zu können. Entscheidend für einen Kampf sind Gelassenheit, Geduld und Beharrlichkeit, damit in einer Kampfsituation eine klare Analyse und eine

---

[24] Tiwald, 1981, 92

[25] Fromm, 1977, 16

[26] Tiwald, 1981, 32

situationsangemessene Aktion eine adäquate Situationsbewältigung ermöglicht. Aggressionen im obengenannten Sinne führen zur Niederlage oder zum Schmerzerlebnis und zeigen dem Schüler, dass sich *weder Wut, Angst noch Hass* lohnen. Prägnant formuliert, *schließen sich Kampf und Aggression* aus, sofern man als Kampf das kunstgerechte Führen einer Auseinandersetzung versteht. Taekwondo kann damit einen längerfristigen Umdenkungsprozess in Gang setzen, der zu der Erkenntnis führt, dass:

> „[...] Aggression grundsätzlich ungeeignet ist, um Konflikte zu lösen. Diese in Training und Kampf immer wieder erlebte Erfahrung kann eine geistige Einsicht zur Folge haben, die lebenslang vorhält und die den Anhänger asiatischer Kampfsportarten von vielen anderen Sportlern unterscheidet."[27]

Die am Anfang des Kapitels vorgestellte Polarisierung der Positionen erfordert auch ein Eingehen auf die Position, die postuliert, dass allein durch intensives Training eine persönlichkeitsbildende Wirkung hervorgerufen wird. Diese Sichtweise wird leider durch den Missbrauch der Kampfkunst und die Beobachtung des teilweise unwürdigen Verhaltens auch von Schwarzgurten bei Meisterschaften widerlegt. Der Ausweg aus diesem Dilemma liegt in einem *gut geführten Unterricht* und damit im *Führungsstil und der Persönlichkeit des Lehrers.*

1.2.1.3 Zum Lehrer-Schüler-Verhältnis im Taekwondo-Unterricht

Das Lehrer-Schüler-Verhältnis in den asiatischen Kampfsportarten ist traditionsgemäß in einem kulturellen, gesellschaftlichen Kontext entstanden und eingebettet, der sich unserem Verständnis weitgehend entzieht. Die Versuche, asiatische Autoritätsstrukturen unreflektiert der westlichen Mentalität aufzupfropfen, muss als äußerst bedenklich angesehen werden, zumal die Mentor- und Vorbildfunktion, die der Lehrer der Kampfkunst im asiatischen Raum auch für außersportliche Bereiche hat, in unserer Gesellschaft meistens fehlt. Das Spezifische des Lehrer-Schüler-Verhältnisses im asiatischen Raum wird durch konfuzianisches und Zen-buddhistisches Gedankengut konstituiert.

---

[27] Grundmann, 1983, 229

„Der Lehrer ist Vorbild in allen Lebenssituationen und im Idealfall endet die Partnerschaft erst mit dem Tode des Meisters."[28]

Durch den anders gearteten geistigen Kontext, in dem die Aneignung des Taekwondo in unserer Gesellschaft vor sich geht, lassen sich Autoritätsstrukturen, die nicht auf überlegener Sachautorität und notwendiger Verletzungsprophylaxe beruhen, nicht rechtfertigen. In einem Erziehungssystem, dessen Ziele u. a. Emanzipation und Mündigkeit des Schülers sind, gewinnt die Autorität des Lehrers ihre Legitimation dadurch, dass die Maßnahmen und Direktiven des Lehrers der *Einsicht des Schülers* zugänglich gemacht werden. Die *Disziplin* und die Autorität des Lehrers dürfen kein Selbstzweck werden, sondern sind durch die potentielle Gefährlichkeit des Taekwondo bei undiszipliniertem und unkonzentriertem Verhalten bestimmt. Durch die Struktur des Taekwondo ergeben sich häufig Situationen, in denen sich die Anweisungen des Lehrers durch kurze, imperative Direktiven manifestieren, die also ein Ausdruck der Sachautorität sind. Auch im Taekwondo ist es möglich, einen sozialintegrativen Führungsstil zu pflegen, ohne damit den „Geist des Taekwondo zu verraten", wie manche Traditionalisten mutmaßen. Bei einen solchen Führungsstil findet der Unterricht in einer *sachlich-freundschaftlichen Atmosphäre* statt, ohne an Disziplin und Effektivität einzubüßen. Ein Lehrer, der:

> „[...] engagierte Verbundenheit, emotionale Wärme und Gewährung als Merkmale seines Verhaltens zeigt, hat Teilnehmer, deren Verhalten durch Offenheit, soziale Teilnahme und Toleranz geprägt ist.
>
> Aus diesen Erkenntnissen heraus ergibt sich die Forderung nach Freundlichkeit, Kontaktfreudigkeit und Wertschätzung [...] gegenüber seinen Schülern. Anstatt auf seine gürtelgradbedingte Autorität zu pochen und eine persönliche Autoritätsdistanz aufzubauen, sollte sich seine Autorität aus seiner sachlichen und persönlichen Qualifikation ergeben, die keiner Disziplinierung bedarf."[29]

---

[28] Grundmann, 1983, 222

[29] Brockers, 1983, 24

Grafisch lässt sich der *Zusammenhang zwischen Führungsstil und Verhalten der Teilnehmer* wie folgt darstellen:

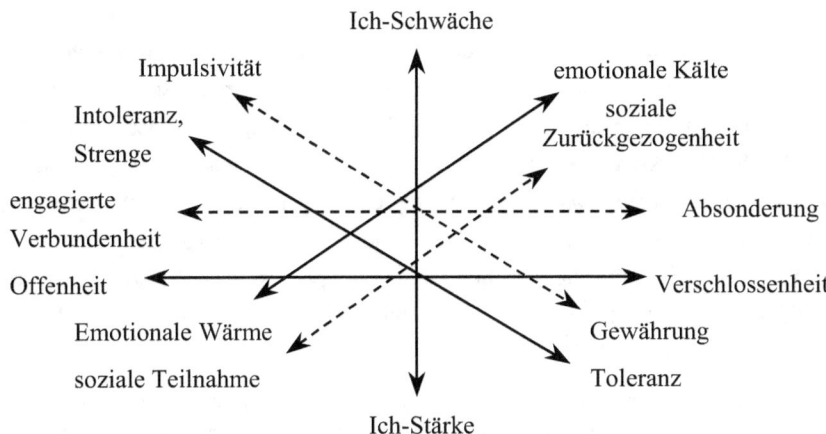

(in Anlehnung an Kreis)[30]

Die Verantwortung des Lehrers liegt demnach nicht nur in den motorischen Belangen des Unterrichts, sondern seine:

> „[...] wahre Meisterschaft [zeigt] sich nicht [nur] im Lehren einer Kampftechnik, sondern im Lebendigwerden eines sinnvollen Menschenentwurfs."[31]

---

[30] Kreis, 1979, 11

[31] Ceurremans, 1984, 21

1.2.2 Physiologische (konditionell-koordinative) Aspekte

1.2.2.1 Die koordinativen Fähigkeiten als motorische Leistungsvoraussetzungen

Nach Joch stellt der Bereich der koordinativen Fähigkeiten das eigentliche Arbeitsgebiet des Schulsports dar, da diese als Maßstab für motorische Lernfähigkeit überhaupt gelten können.[32] Die koordinativen Fähigkeiten lassen sich dadurch charakterisieren, dass sie *Prozesse der Bewegungssteuerung und -regelung* d. h. *informationelle Prozesse* betreffen, während die Leistungsvoraussetzungen der Kraft, Schnelligkeit und Ausdauer durch *energetische Prozesse* bestimmt werden.[33] Für die Ausübung des Taekwondo spielen die koordinativen Fähigkeiten eine zentrale Rolle, da es ohne entsprechende Ausprägung dieser Fähigkeiten nicht möglich ist:

> „[...] sein gesamtes Potential und alle Fähigkeiten seines gesamten Organismus' auf die wirkungsvolle Durchführung einer Handlung zu konzentrieren."[34]

Sowohl das Erlernen der Taekwondo-Techniken als auch die *benötigte Lernzeit* sind abhängig vom Entwicklungsstand der koordinativen Fähigkeiten.[35]

In Anlehnung an Blume unterscheidet man sieben koordinative Fähigkeiten:

a)   Kopplungsfähigkeit

> „Unter Kopplungsfähigkeit verstehen wir die Fähigkeit, Teilkörperbewegungen, Einzelbewegungen oder einzelne Bewegungsphasen untereinander und in Beziehung zu der auf ein bestimmtes Handlungsziel gerichteten Gesamtkörperbewegung zweckmäßig zu koordinieren."[36]

---

[32] vgl. Joch, 1986, 253

[33] vgl. Blume, 1981, 17

[34] Lee, 1978, 45

[35] vgl. Blume, 1981, 20

[36] Blume, 1981, 21

Sie beinhaltet die Fähigkeit, aus Einzeltechniken:

„[...] eine Handlungskette zu bilden, die als Programm sichtbar wird."[37]

In der Kombination von Techniken entsteht durch Phasenverschmelzung ein Technikkomplex, der sich in seinen Rhythmus-Geschwindigkeitscharakteristika und dynamischen Parametern von der einfachen additiven Verbindung von Einzeltechniken unterscheidet. Diesem Sachverhalt wird in der Unterrichtspraxis der Kampfkombinationen meistens nicht Rechnung getragen. Nach dem koordinativen Schwierigkeitsgrad lassen sich *Sukzessiv- und Simultankombinationen* unterscheiden.

b) *Orientierungsfähigkeit*

Unter Orientierungsfähigkeit versteht man die:

„[...] Fähigkeit zur Bestimmung und Veränderung der Lage und Bewegungen des Körpers in Raum und Zeit, bezogen auf ein definiertes Aktionsfeld (z. B. Spielfeld, Boxring, Turngerät) und / oder ein sich bewegendes Objekt (z. B. Ball, Gegner, Partner)."[38]

Ergänzend schreibt Jonath dazu:

„Bewegungsentscheidungen werden auf der Grundlage sensorischer Informationen getroffen und berücksichtigen immer die Bewegung des ganzen Körpers und nicht die seiner Teilelemente zueinander."[39]

Zu unterscheiden ist zwischen *visueller* und *kinästhetischer Orientierungsfähigkeit.*[40]

Bei der Einschätzung der eigenen Stellung zur Kampfflächenbegrenzung, bei der exakten Distanzregulation und bei Drehungen wie beim Pandae-Dollyo-Chagi (Fersendrehschlag) oder bei Techniken, bei denen der Sichtkontakt zeitweise aufgehoben ist (Rückwärtstritt), spielt die Orientierungsfähigkeit eine wichtige Rolle.

---

[37] Hahn, 1982, 118

[38] Blume, 1981, 22

[39] Jonath, 1986, 211

[40] vgl. Hirtz, 1977

c) *Differenzierungsfähigkeit*

Die Differenzierungsfähigkeit ist die:

> „[...] Fähigkeit zum Erreichen einer hohen Feinabstimmung einzelner Bewegungsphasen und Teilkörperbewegungen, die in großer Bewegungsgenauigkeit und Bewegungsökonomie zum Ausdruck kommt. Sie beruht auf der bewußten, präzisen Wahrnehmung der Kraft-, Zeit- und Raumparameter des aktuellen Bewegungsvollzugs und dem Vergleich mit dem in der Vorstellung existierenden Bewegungsablauf. Ihr Ausprägungsgrad wird von der Bewegungserfahrung und dem Beherrschungsgrad der jeweiligen motorischen Handlung mitbestimmt, weil erst sie die Wahrnehmung feinster Unterschiede des Bewegungsvollzugs im Vergleich zum angestrebten Ideal oder zu vorangegangenen Bewegungsvollzügen ermöglichen."[41]

Diese Fähigkeit zur Feinabstimmung spielt vor allem im Sportkampf eine entscheidende Rolle, wenn es darum geht, den richtigen Zeitpunkt des eigenen Angriffs zu bestimmen oder durch Lücken in der Deckung des Gegners einen Treffer zu landen. Beim Paltung-Chagi (Spanntritt zum Bauch) entscheiden wenige Zentimeter, ob der Tritt ein Treffer ist. Wird der Tritt etwas zu hoch angesetzt, besteht die Gefahr, sich den Fußspann am Ellbogen des Gegners zu verletzen. Bei zu tiefer Ausführung zählt der Treffer nicht und wird als nicht den Regeln entsprechende Technik bestraft. Ein weiterer Aspekt der Differenzierungsfähigkeit besteht darin, die Muskulatur im Moment des Auftreffens einer Technik schlagartig anspannen (jap. „kime") und direkt anschließend wieder entspannen zu können.

d) *Gleichgewichtsfähigkeit*

> „Unter Gleichgewichtsfähigkeit verstehen wir die Fähigkeit, den gesamten Körper im Gleichgewichtszustand zu halten oder während und nach umfangreichen Körperverlagerungen diesen Zustand beizubehalten bzw. wieder herzustellen."[42]

---

[41] Blume, 1981, 22

[42] Blume, 1981, 24

Die Gleichgewichtsfähigkeit bezieht sich auf das *statische Gleichgewicht*, das für Taekwondo nur eine Bedeutung im Grundschulbereich hat, und auf das *dynamische Gleichgewicht*, das als Leistungsvoraussetzung den Stepp-Techniken und Techniken aus der Drehung zugrunde liegt. Bei den Stepp-Techniken wird daher der Schwerpunkt genau zwischen den Füßen gehalten. Die Regulation des Gleichgewichts erfolgt hauptsächlich über sensorische Informationen des *statico-vestibulären* und des *kinästhetischen Analysators*. Der *optische Analysator* ist ebenfalls beteiligt. Die Gleichgewichtsfähigkeit kann nur durch dauerndes Training aufrecht erhalten werden, bei Nichtbeanspruchung bildet sie sich zurück.[43]

e) *Reaktionsfähigkeit*

„Als Reaktionsfähigkeit verstehen wir unter kampfsportspezifischer Sicht die Komponente der Tätigkeit eines Kampfsportlers, erwartete und unerwartete gegnerische Aktionen oder sich bietende Angriffsmöglichkeiten rechtzeitig wahrzunehmen und darauf mit größtmöglicher Schnelligkeit sowie je nach Sportart entsprechend präzise mit effektiven technisch-taktischen Aktionen zu reagieren."[44]

In die Reaktionsfähigkeit der Taekwondo-Sportler gehen die *Identifikation von Schlüsselsignalen*, die *Antizipationsfähigkeit* gegnerischer Aktionen und die *Abrufbarkeit von Reaktionsbewegungen* ein. Für den Sportkampf ist die Tendenz der Kämpfer zu beobachten:

„[...] möglichst viel Zeit bis zu ihrer Reaktion verstreichen zu lassen, was wahrscheinlich die Auswahl der richtigen Gegenaktion begünstigt."[45]

Dies geschieht in erster Linie durch geeignete Stepp-Aktionen.

---

[43] vgl. Jonath, 1986, 103
[44] Kirchgässner, 1981, 586
[45] Oensen, 1985, 10

f)   *Umstellungsfähigkeit*

Darunter wird die:

> „[...] Fähigkeit, während des Handlungsvollzugs aufgrund wahrgenommener oder vorausgenommener Situationsveränderungen des Handlungsprogramms den neuen Gegebenheiten anzupassen oder die Handlung auf völlig andere Weise fortzusetzen [...]"[46]

verstanden.

Im wechselhaften Geschehen des Sportkampfes besteht sehr häufig die Notwendigkeit, sich auf eine neue Situation einzustellen. Voraussetzungen der Umstellungsfähigkeit sind die *Schnelligkeit und Genauigkeit der Wahrnehmung der Situationsveränderung* und die *Bewegungserfahrung*.

> „Je reichhaltiger die Bewegungserfahrungen sind, umso mehr Möglichkeiten des Umstellens stehen dem Sportler zur Verfügung, und es kommt nur darauf an, eine dem neuen Handlungsziel entsprechende auszuwählen und zweckmäßig zu verwirklichen."[47]

Durch statistische Analysen kommt Roth zu einer Subsumption der Umstellungsfähigkeit unter die Kategorie der *Fähigkeit der Koordination unter Zeitdruck*.[48] Unter diese Kategorie fällt auch die *Richtungsänderungsgeschwindigkeit* bzw. deren koordinativen Anteile.

g)   *Rhythmisierungsfähigkeit*

Rhythmisierungsfähigkeit ist die:

> „[...] Fähigkeit, einen von außen vorgegebenen Rhythmus zu erfassen und motorisch zu reproduzieren sowie den ‚verinnerlichten', in der eigenen Vorstellung existierenden Rhythmus einer Bewegung in der eigenen Bewegungstätigkeit zu realisieren."[49]

Für den Sportkampf spielt das Erkennen des gegnerischen und das Verschleiern des eigenen Rhythmus' die Hauptrolle. Die Rhythmisierungsfähigkeit zeigt sich

---

[46] Blume, 1981, 26
[47] Blume, 1981, 26
[48] vgl. Roth, 1982, 53
[49] Blume, 1981, 27

auch im *abrupten Abstoppen eines begonnenen Rhythmus'* und im *unterbrochenen Rhythmus*, d. h. einem Rhythmus, der durch Verzögerungen oder Beschleunigungen für den Gegner unberechenbar wird. Die Beziehungen dieser sieben koordinativen Fähigkeiten lassen sich wie folgt darstellen:[50]

1.2.2.1.1 Zur Schulung der koordinativen Fähigkeiten im Unterricht[51]

Die im folgenden beschriebenen Maßnahmen zur Erhöhung der koordinativen Schwierigkeitsgrade können im Unterricht erst dann zur Anwendung kommen, wenn die herangezogenen Techniken genügend beherrscht werden.

Methodische Maßnahmen sind:

a) Variationen der Bewegungsausführung
    - in Zeitlupe
    - aus der Drehung
    - Tritttechniken mit dem vorderen und dem hinteren Bein
    - Vorschalten verschiedener Stepp-Techniken
    - Ausführung als Sprungtechnik

---

[50] nach Blume, 1981, 30

[51] vgl. Blume, 1978, 142 ff.

b) Veränderung der äußeren Bedingungen
- häufiger Wechsel der Partner
- Üben mit Fußgewichten
- im Sand
- Ausführung der Techniken mit dem Partner auf den Schultern
- Training auf verschiedenem Untergrund (Gras, Sand, Matten u. ä.)
- Training im Freien bergauf, bergab

c) Kombination von Bewegungsfertigkeiten
- Training von Sukzessiv- und Simultankombinationen
- kombinierte Steppformen plus Technik / Technikkombination / -serie

d) Üben mit maximalem Bewegungstempo
- 1-1: Bei dieser Übungsform erfolgt ein Austausch von Techniken mit maximal möglicher Schnelligkeit. Jede Technik des Gegenübers wird mit einer eigenen Technik beantwortet.
- 1-2-3: Die Serie wird mit einer beliebigen eigenen Technik eröffnet, die eine reaktive Technik des Gegners herausfordert. Diese wird durch eine angemessene eigene Technik gekontert. In Weiterführung der 1-1-Methode zielt diese Methode auf Erkennen und Ausnutzen der gegnerischen Bewegungen bei maximalem Bewegungstempo hin.
- Schusstraining: Ausführung der Technik an der Hand- oder Armpratze mit maximaler Bewegungsgeschwindigkeit, mit eigenem Startbefehl oder auf ein Signal (optisch, akustisch, taktil) hin.

e) Variation der Informationsaufnahme
- Üben der Techniken mit verbundenen Augen
- Einbeziehung des Spiegels

f) Üben nach Vorbelastung
- Diese methodische Maßnahme soll nur bei einem hohen Beherrschungsgrad der als Mittel verwendeten Technik angewandt werden,

damit sich keine Fehler in die Ausführung einschleichen. Als Grundsatz gilt, dass die Übung bei Bewegungsfehlern abgebrochen wird.

- mehrfache Drehungen um die Längsachse, dann erst die Ausführung der Technik
- Rolle vorwärts, Rolle rückwärts vor der Hauptübung
- mehrfacher Pandae-Dollyo-Chagi (Fersendrehschlag)

1.2.2.2 Die Bedeutung der Kraft im Taekwondo

Für das Anforderungsprofil des Karatesports, das mit Einschränkungen auf Taekwondo übertragbar ist, gibt Oehsen den Anteil der Kraft mit 18 Prozent an.[52] Die Art der benötigten Kraft manifestiert sich im Taekwondo als azyklische Schnellkraft und als Kraftausdauer. In die Schnellkraft gehen verschiedene Faktoren ein:

a) Startkraft als die

„[...] Fähigkeit der Muskulatur, vom Anfangsmoment der Anspannung an eine möglichst große Kraft in kürzester Zeit zu entwickeln."[53]

b) Maximalkraft, die den höchsten bei maximaler Willkürkontraktion erreichbaren Kraftwert darstellt[54]

c) Explosivkraft charakterisiert die:

„[...] Fähigkeit der Muskulatur, einen bereits begonnenen Spannungsanstieg maximal schnell weiterzuentwickeln."[55]

d) Fähigkeit zur dynamischen Realisation

Für diese Fähigkeit sind als Voraussetzungen biomechanische Bedingungen, die Antagonisten-Hemmfähigkeit und die Kontraktionsgeschwindigkeit der ausführenden Muskelfasern zu nennen.[56]

---

[52] vgl. Oehsen 1986, 29
[53] Schmidtbleicher, 1980, 89
[54] vgl. Jonath, 1986, 179
[55] Schmidtbleicher, 1980, 89
[56] vgl. Jonath, 1986, 245

Die Kraftausdauer bezeichnet im Taekwondo die Fähigkeit, während des gesamten Kampfverlaufs zu steppen, Techniken und Technikserien mit effektiver Kraft auszuführen und der Ermüdung zu widerstehen.

Zur Entwicklung der taekwondospezifischen Kraft bieten sich Übungen mit dem eigenen Körpergewicht oder Zusatzgewichten und spezielles Zirkel-Training mit Taekwondo-Elementen an.[57]

Die Kraftausdauer lässt sich durch Mehrfachwiederholungen derselben Technik, Beintechniken, die mehrmals hintereinander getreten werden, ohne das Bein wieder abzusetzen, Sprungtechniken u. a. schulen.

1.2.2.3 Die Schnelligkeit

„Schnelligkeit ist die konditionelle Eigenschaft, die den Sportler befähigt, auf einen Reiz hin schnell zu reagieren und zyklische und azyklische Bewegungen bei unterschiedlichen Widerständen mit höchster Bewegungsgeschwindigkeit auszuführen."[58]

Die Schnelligkeit wird durch die Größe der Muskelkraft, die Viskosität des Muskels (*niemals unaufgewärmt Schnelligkeitsübungen durchführen!*), Reaktionsschnelligkeit, allgemeine anaerobe Ausdauer, antropometrische Merkmale wie Länge der Extremitäten und Lage des Muskelansatzes, das Niveau der Koordination und die Kontraktionsgeschwindigkeit limitiert.

Jonath schreibt dazu:

„Abgesehen von der Reaktions-Schnelligkeit äußert sich die Schnelligkeit als Resultat der Einwirkung der Kraft auf eine Masse. Dabei stehen sich positiv und negativ wirkende Elemente gegenüber. Das positive antreibende Element kann vornehmlich durch eine Vermehrung der Muskelkraft unterstützt werden, während das negativ wir-

---

[57] siehe Anhang 2
[58] Letzelter, 1978, 191

kende Element durch eine Koordinationsverbesserung reduziert werden kann."[59]

Für den Kampfsportbereich (Boxen) filterten Degtjarow/Dsherojan vier unabhängige Faktoren der Schnelligkeit heraus:

„Faktor I: Latenzzeit der Reaktion
Faktor II: Ausführungszeit eines Einzelschlages
Faktor III: Maximaltempo der Ausführung einer Schlagserie
Faktor IV: Geschwindigkeit von Ortsbewegungen

> Ein auf die Vervollkommnung der Schnelligkeit ausgerichtetes Training in einer der vier genannten Gruppen kann sich nur sehr unbedeutend auf die Geschwindigkeit der Bewegungsausführung in einer der anderen Gruppen auswirken."[60]

Da die Latenzzeit der Reaktion durch Übung kaum zu beeinflussen ist,[61] muss das Hauptaugenmerk auf das Training der Faktoren II - IV gerichtet werden, wobei dem Faktor IV (im Taekwondo Stepp-Techniken) erhöhte Bedeutung für Angriffs- und Verteidigungshandlungen zukommt, weil die Schnelligkeit der Technikausführung des Gegners bei eigener statischer Kampfweise die Reaktionsschnelligkeit übertrifft.

Übungsformen zur Reaktions- und Bewegungsschnelligkeit werden später beim Pratzentraining aufgeführt.

1.2.2.4   Die Ausdauer

> „Ausdauer ist die körperliche (physische) und geistig-seelische (psychische) Widerstandsfähigkeit gegen Ermüdung bei relativ lang anhal-

---

[59] Jonath, 1986, 242

[60] Degtjarow/Dsherojan, 1979, 13

[61] vgl. Jonath, 1986, 167

tenden Belastungen und/oder die rasche Wiederherstellungsfähigkeit nach der Belastung."[62]

Unter den vorhandenen weiteren Differenzierungsmöglichkeiten soll im Rahmen dieser Arbeit nur die unter dem Aspekt der Sportartspezifität herausgegriffen werden. Für Taekwondo ist danach die Ausdauer in eine allgemeine oder Grundlagenausdauer und eine spezielle Ausdauer einzuteilen. Die Funktion der Ausdauer ist in der Vorbeugung von Leistungsverlusten während einer Belastungszeit und in der Erhaltung der Kraft- und Schnelligkeitsfähigkeiten und dem Erhalt des technischen Niveaus zu sehen.

Die beiden genannten Ausdauerarten stehen in einem Abhängigkeitsverhältnis zueinander, d. h. die spezielle Ausdauer wird auf der Basis der Grundlagenausdauer entwickelt. Die allgemeine oder Grundlagenausdauer:

> „[...] betrifft sowohl die aerobe als auch die anaerobe Komponente und deren verschiedene Erscheinungsformen, also Sprint-, Schnelligkeits-, Kraft- und Schnellkraftausdauer. Sie ist ein Gesamtkomplex, in dem die aerobe Ausdauer allerdings führend ist."[63]

Diesem komplexen Charakter entsprechend bieten sich mehrere Möglichkeiten an, die Grundlagenausdauer zu trainieren. Rad fahren, Schwimmen, Rollschuh fahren, Laufen und Seilchen springen sind gut geeignet. Der Lauf soll nicht nur in gleich bleibendem Tempo durchgeführt werden, sondern auch durch Sprintserien unterbrochen werden, wobei die Sprintstrecke ca. 30 m betragen sollte[64] und von einer ebenso langen, in ruhigerer Gangart zurückgelegten Strecke vor dem nächsten Sprint abgelöst wird. Im Seilchen springen soll mit verschiedenen Rhythmen gesprungen werden, um die Beinarbeit und die Hand-Fuß-Koordination zu schulen. Übungen zur taekwondospezifischen Ausdauer bestehen aus Taekwondo-Techniken, die einzeln oder in Technikfolgen grundschulmäßig, an der Pratze oder am Sandsack in hohen Wiederholungszahlen trainiert werden.

---

[62] Grosser, 1986, 111

[63] Letzelter, 1978, 174

[64] vgl. Park, 1984, 165

1.2.2.5 Die Beweglichkeit

Unter den konditionellen Teilbereichen, die durch Taekwondo trainiert werden, spielt die Beweglichkeit neben der Koordination die wichtigste Rolle. Unter Beweglichkeit wird die Fähigkeit verstanden:

„[...] Bewegungen mit größtmöglicher Schwingungsweite selbst oder unterstützt durch äußere Kräfte ausführen zu können. Eine gute Beweglichkeit ist elementare Voraussetzung für eine qualitativ und quantitativ gute Bewegungsausführung."[65]

Durch die angestrebten hohen Tritte im Taekwondo gewinnt die Beweglichkeit als Leistungsfaktor einen hohen Stellenwert. Die Wirkungen einer funktionalen Beweglichkeitsschulung lassen sich durch folgende Punkte ausdrücken[66]

- bessere Gelenkmobilität
- bessere Elastizität der Muskeln, Sehnen, Bänder, Gelenkkapseln und Muskelfasern
- weniger mechanische Widerstände im Gewebe
- ökonomische und leichtere Bewegung
- Steigerung von Durchblutung und Stoffwechsel in der Muskulatur
- optimale Muskelspannung
- Lösung von Verspannungen
- erhöhte Muskelleistung
- schnellere Regeneration
- geringere Verletzungsgefahr am Bewegungsapparat (Verletzungsprophylaxe)
- Körperbewusstsein und Körpergefühl

Knebel[67] weist in seinen Veröffentlichungen darauf hin, dass die gymnastischen Übungsformen der Sportarten aufarbeitungsbedürftig sind und durch eine Gymnastik nach funktionellen Gesichtspunkten ersetzt werden müssen. Dies trifft auch auf die traditionelle Taekwondo-Beweglichkeitsgymnastik zu. Eine

---

[65] Jonath, 1986, 42
[66] vgl. Blum/Wöllzenmüller, 1985, 20 ff.
[67] vgl. Knebel, 1985 und 1988

funktionelle Beweglichkeitsgymnastik arbeitet unter Umgehung des Muskelspindelreflexes. Die Muskelspindel ist ein Dehnungsrezeptor, der auf Längenzunahme des Muskels als auch auf die Dehnungsgeschwindigkeit, mit der diese Längenzunahme erfolgt, reagiert.[68] Für die Dehnungsübungen im Taekwondo ergeben sich aus diesem physiologischen Sachverhalt zwei Vorgehensweisen bei Dehnübungen:

- Langes, gehaltenes Dehnen, bei dem eine Dehnstellung eingenommen wird, die ein Dehnungsgefühl vermittelt, aber unter der Schmerzgrenze liegt. Bei Nachlassen dieses Dehnungsgefühls (d. h. bei verminderter Impulsfrequenz der Muskelspindel) wird weiter gedehnt und wieder gehalten. Dieses Verfahren ist mehrfach wiederholbar und vor allem für Anfänger geeignet.
- Stretchen nach der PNF-Methode (proprioceptive neuromuskuläre Facilitation). Hierbei wird zunächst eine Dehnstellung eingenommen, die ohne Schmerzen möglich ist. Die Muskelgruppe, die gedehnt werden soll, wird nun maximal isometrisch gespannt (ca. 6 - 10 sec.). Danach erfolgt eine Entspannungsphase von 2 - 4 sec., und es wird anschließend sanft weitergedehnt. Dieser Vorgang wird mehrfach wiederholt.[69] Diese Dehntechnik ist vor allem geeignet, die Bewegungsamplitude und die Kraft (durch die isometrische Anspannung) der Beintechniken zu verbessern. Am sinnvollsten wird sie dann unter Einbeziehung eines Partners ausgeführt. Die Methode verlangt eine eingehende und genaue Unterweisung und Einübung durch den Lehrer.

1.2.3 Affektiv - emotionale Aspekte

Es existieren nach Wissen des Autors keine Untersuchungen über die Auswirkungen eines Taekwondo-Trainings bzw. -Unterrichts auf die Gefühle und Einstellungen der Schüler. Die Aussagen, die in diesem Kapitel gemacht werden, sind deshalb empirischer Natur und beruhen auf Erfahrungen des Autors und anderer Lehrer. Die Ausgangsposition des Großteils der Schüler, die mit dem Taekwondo beginnen, besteht darin, dass ein Bewusstsein der eigenen Schwäche vorhanden ist. Taekwondo stellt in dieser Situation die Möglichkeit dar, die-

---

[68] vgl. Knebel, 1985, 43

[69] vgl. Blum/Wöllzenmüller, 1985, 76 ff.

se Schwäche aufzuheben und in Stärke zu verwandeln. Die Voraussetzungen dazu hat jeder, unabhängig von Alter, Größe, Gewicht und Geschlecht. Taekwondo ist:

„[...] ein Weg, zu sich selbst zu finden. Dazu gehört eine Offenheit, mit nichts als nur mit sich selbst anzufangen."[70]

Der Taekwondoin ist:

„[...] ursprünglich der schwache Mensch, der aus sich selbst eine Kraft schafft. [...] Es ist die Entdeckung, daß im Menschen selbst ein Reichtum steckt."[71]

Diese Entdeckung kann dazu führen, dass äußerliche Attribute der Stärke nicht mehr den Wert für den Einzelnen haben wie vorher und in ihrer Bedeutung relativiert werden. Der Schüler erlebt, dass es ihm möglich ist, aus eigener Kraft Fortschritte zu machen und damit zu seiner Selbstverwirklichung beizutragen. Richtig geleiteter Taekwondo-Unterricht kann damit einen Beitrag zur Identitätsfindung des Einzelnen leisten, ein Prozess, der in der industrialisierten, westlichen Welt mit immer größeren Schwierigkeiten verbunden ist. Der Schüler erfährt durch den Unterricht, dass er Vertrauen in seine Kraft haben kann und dass er Leistungen vollbringen kann, die er sich vorher nicht zugetraut hat. Gerade die schüchternen Schüler entwickeln mit der Zeit ein anderes Selbstwertgefühl, das durch gesteigertes Körpergefühl und die Kommunikation und Kooperation in der Gruppe ausgelöst wird. Durch die Dojang-Disziplin lernt er, sich zu konzentrieren und Selbstbeherrschung zu üben. In einem gut geführten Unterricht entsteht im Schüler das Bewusstsein der Verantwortung sowohl sich selbst als auch seinen Trainingspartnern gegenüber. Zum Lernprozess gehört auch die Erkenntnis, dass gesteckte Ziele durch beharrliches Anstreben erreicht werden können. Ein gut aufgebauter Taekwondo-Unterricht vermittelt jedem Schüler Erfolgserlebnisse und damit Freude an seinem Tun. Dem Einzelnen wird darüber hinaus Einblick in eine Kampfkunst ermöglicht, die er sein Leben lang betreiben kann.

---

[70] Ceurremans, 1984, 20

[71] Ceurremans, 1984, 20

1.2.4 Kognitive Aspekte

Die traditionelle, aus Korea überlieferte Form des Taekwondo-Unterrichts ist durch Vorherrschen der imitativen Methode und eine strenge Hierarchie gekennzeichnet. Ausführliche verbale Erklärungen sind verpönt und der Schüler ist darauf angewiesen, fast ausschließlich visuell die notwendigen Informationen aufzunehmen. Diese Einseitigkeit führt dazu, dass der Schüler vielleicht instinktiv die richtige Ausführung erlernt, der Lernprozess durch die Vernachlässigung der übrigen Wahrnehmungskanäle und methodischen Möglichkeiten verlangsamt wird, da dem Schüler seine Handlungen und deren Grundlagen nicht bewusst werden. Nach Auffassung des Autors soll der Taekwondo-Unterricht dem Schüler jedoch eine ganzheitliche Erfahrung dieser komplexen Kampfkunst ermöglichen. Von dieser Prämisse ausgehend ist es notwendig, sämtliche Lernbereiche unter Ausnutzung vielfältiger Methoden in den Unterricht einzubeziehen, um den Schüler zur selbständigen, kritischen Auseinandersetzung mit dem Taekwondo als Kampfkunst zu befähigen.

> „Optische, sensorische und verbale Informationen bewirken intellektuelle Operationen. Definitionen von Techniken und Handlungen sowie taktische Vorgaben und Aufgabenstellungen erfordern bei der Umsetzung entsprechende Denk- und Willensleistungen. Von daher scheint eine Intellektualisierung der Bewegungslehre und die Einbeziehung kognitiver Aspekte [...] zwingend vorgegeben."[72]

Die kognitiven Aspekte des Taekwondo lassen sich vereinfacht in drei Bereichen darstellen, die zum Teil aufeinander aufbauen und sich gegenseitig durchdringen.

a) *Lernbereich*

   Hierzu zählen

   - Terminologie als internationales Verständigungsmittel
   - Regelkunde
   - Verhaltensnormen

---

[72] Clemens, 1989, 29

- Handlungssysteme des Taekwondo und ihr Aufbau
- Geschichte des Taekwondo
- Idee des Taekwondo als Kampfkunst

b) *Verständnisbereich*
- Bewegungsgesetze, Biomechanik der Taekwondo-Technik
- Biologisch-anatomische Grundlagen
- Gesundheitserziehung
- Unfallverhütung

c) *Anwendungsbereich*
- Training mit Hilfsmitteln
- Sparring mit / ohne Vorgaben unter Betonung eines beweglichen und nicht eines kraftbetonten Kampfstils
- Selbstverteidigung (wird im Rahmen dieser Arbeit nicht behandelt, da eine wirksame Selbstverteidigung einen anders gearteten Technik-Kanon voraussetzt, der auch Würfe, Hebel, sogenannte „dirty tricks" und eine anders geartete Umgebung beinhaltet. Der Unterricht sollte jedoch so gestaltet werden, dass ein auf den Grundlagen aufgebautes Selbstverteidigungs-Konzept ermöglicht wird).

1.3 Materielle Voraussetzungen des Taekwondo-Unterrichts

Im Gegensatz zum Judo-Unterricht, bei dem die Matte und der Judogi (Judoanzug) Voraussetzungen darstellen, die bei Fehlen nur schwer ausgeglichen werden können, ist ein Taekwondo-Unterricht auch bei minimal gegebenen Voraussetzungen durchführbar. Benötigt wird eine Halle mit glattem Boden, damit die Schüler die Taekwondo-Techniken barfuß oder mit leichten Trainingsschuhen wie Ballettschuhen oder speziellen Kampfsportschuhen ausführen können. An die Kleidung werden keine besonderen Ansprüche gestellt. Für den Anfang genügt ein weiter Trainings- bzw. Jogging-Anzug, der genug Freiheit, besonders für die vielen Beintechniken, gewährt. Hat der Schüler sich nach einer ersten

Orientierungsphase entschlossen, weiterhin beim Taekwondo-Unterricht zu bleiben, so lohnt sich die Anschaffung eines Taekwondo-Anzugs (Dobok). Zur Ausstattung mit Handpratzen, Armpratzen und Sandsack ist zu bemerken, dass es eventuell möglich ist, bei Fehlen vor allem der Handpratzen, mit einem ortsansässigen Verein zu einer Vereinbarung zu kommen, die Handpratzen benutzen zu dürfen. Anzustreben ist eine Zahl von Handpratzen, die es erlaubt, dass für je zwei Schüler eine Pratze zur Verfügung steht. Armpratzen und Sandsack lassen sich provisorisch auch durch aufgestellte Turnermatten ersetzen, die durch Schüler gesichert werden müssen, damit sie nicht umfallen. Dieses Provisorium erlaubt es, ebenso wie Armpratze und Sandsack, die Techniken mit voller Kraft gegen ein konkretes Ziel auszuführen. Die Anschaffung eines Sprungseils ist den Schülern durch den Lehrer zu empfehlen, wenn nicht schon eine genügende Anzahl zur Ausstattung des Sportbereichs der Schule gehört. Der Lehrer muss vor dem Unterricht darauf achten, dass die persönliche Hygiene gewährleistet ist und dass die Schüler Schmuck, Uhren u. a., womit sie sich selbst oder andere verletzen können, ablegen.

1.6 Personelle Voraussetzungen des Taekwondo-Unterrichts

Auch bei vorhandenen materiellen Voraussetzungen eines Taekwondo-Unterrichts wird die Hauptschwierigkeit darin liegen, Lehrpersonen zu finden, die zur Erteilung eines Taekwondo-Unterrichts genügend qualifiziert sind. Als optimal kann eine Qualifikation angesehen werden, bei der ein Lehrer die Lehrbefähigung für Sport innehat und gleichzeitig Dan-Träger im Taekwondo ist. In zweiter Präferenz sind Lehrer zu sehen, die einen Grüngurt oder eine höhere Graduierung innehaben. Theoretisch denkbar ist auch die Hinzuziehung von Übungsleitern von außerhalb. Das trifft jedoch auf administrative Schwierigkeiten:

„Die Verpflichtung von Übungsleitern als nebenberufliche oder nebenamtliche Sportlehrer kann man im Hinblick auf die arbeitslosen

Lehrer und die Einstellungspraxis der Kultusministerien nicht erwarten."[73]

Möglichkeiten, dieser Situation zu begegnen, liegen in einer Aufnahme des Taekwondo in den Fächerkanon der sportwissenschaftlichen Institute der Universitäten durch Erteilung von Lehraufträgen, da dadurch die Ausbildung von Multiplikatoren in Angriff genommen wird. Diese Maßnahme muss mit einer verstärkten sportwissenschaftlichen Aufarbeitung des Taekwondo einhergehen, um die traditionellen, verkrusteten Unterrichtsstrukturen durch eine dem modernen Sportunterricht angemessene Methodik zu ersetzen. Weiterhin können Weiterbildungskurse angeboten werden, in denen interessierte Sportlehrer die Möglichkeit haben, sich das Wissen und die Fähigkeiten, die zur Leitung einer Taekwondo-AG notwendig sind, anzueignen.

1.5 Zum Problem der Lernerfolgskontrolle und -bewertung im Taekwondo

Lernerfolgskontrollen und -bewertungen sind im traditionellem Taekwondo in Form der sogenannten Gürtelprüfung verankert. Die Richtlinien Sport für das Land NRW stellen die inhaltlichen Teilgebiete fest, für die eine Lernerfolgsüberprüfung erfolgen soll.

„Der Lernerfolg wird in allen Kategorien überprüft, mit deren Hilfe die Komplexität der intendierten Handlungsfähigkeit im Sport zu erfassen versucht wird: Fertigkeiten, Taktik, Kondition, ‚Organisieren' sowie Kenntnisse, d. h. allgemeine Sporttheorie und sportartspezifische Theorie."[74]

Lernerfolgsüberprüfungen sollen unterrichtsbegleitend und punktuell vorgenommen werden, wie es bei einer Gürtelprüfung der Fall ist. Die Lernerfolgskontrollen haben diagnostische Funktion, d. h., sie geben wieder, ob die angestrebten Ziele im Unterricht erreicht worden sind. Die „Komplexität der intendierten Handlungsfähigkeit" (s.o.) lässt sich mit einer Gürtelprüfung allein nicht

---

[73] Clemens, 1989, 37

[74] RLS, 1981, 99

erfassen. Gründe hierfür sind die Inhomogenität einer Taekwondo-AG, wo Schüler mit Vorkenntnissen und Schüler ohne Vorkenntnisse zusammen trainieren. Die erreichte Gürtelgraduierung stellt nur einen punktuellen Nachweis der technischen Fertigkeiten dar, sagt aber nur sehr wenig über das Niveau der übrigen Teilbereiche aus. Insofern stellt die Lösung des Bayerischen Kultusministeriums, die praktische Taekwondo-Prüfung im Rahmen des Differenzierten Sportunterrichts nur nach der Prüfungsordnung der Deutschen Taekwondo Union durchzuführen,[75] nur eine Überprüfung der technischen Fertigkeiten dar. Für eine Benotung sollten neben dem erreichten Niveau in den oben erwähnten Teilbereichen folgende Hilfskriterien zur Notenfindung herangezogen werden:

- individueller Lernfortschritt
- Leistungswille
- Verhalten innerhalb der Lerngruppe[76]

1.5.1 Das Graduierungssystem im Taekwondo als Möglichkeit zur Überprüfung der technischen Fertigkeiten

Das Graduierungssystem im Taekwondo unterscheidet die sogenannten Schüler (Kup)-Grade und Meistergrade (Dan). Es gibt zehn Schülergrade (10. - 1. Kup) und neun Meistergrade, wovon die ersten fünf durch eine Prüfung erlangt werden können. Die Schülergrade unterscheiden sich durch ihre Farbe, die zum Schwarzgurt hin immer dunkler werden. Durch die äußere Dokumentierung des erreichten technischen Niveaus erfüllt das Graduierungssystem eine Motivationsfunktion für die Schüler, die für Taekwondo unter dem Aspekt der Life-Time-Sportart von Bedeutung ist.

Pflüger schreibt zur pädagogischen Bedeutung des Graduierungssystems:

---

[75] vgl. Bolz, 1990, 20

[76] vgl. Clemens, 1989, 45

„Das unerreichbar scheinende Fernziel, die Kampfkunst zu beherrschen (Schwarzgurt), ist in Stufen zu erreichen, in Teilzielen, für die es farbige Gürtel gibt. Um diese zu erringen, bedarf es echter Leistung. Das Erhalten eines farbigen Gürtels vermittelt dem Schüler ein Erfolgserlebnis und motiviert ihn, Karate mit Spaß und Freude weiter zu betreiben. Diese Möglichkeit des stufenweise Sichhinaufarbeitens bieten Sportarten, die nur vom Wettkampf leben, nicht. Die farbigen Gürtel sind ein pädagogischer Anreiz der Budo-Sportarten. Jeder Schüler ist hinsichtlich seiner Leistungsstufe auch äußerlich gekennzeichnet und wird sich deshalb dauernd bemühen, so gut zu sein, wie es seinem farbigen Gürtel entspricht. Diese Leistungsmessung vermittelt ein gesundes Selbstwertgefühl abseits vom Wettkampf. Nur mit diesem Gürtelgradsystem ist auch ein wirklicher Breitensport möglich. Man kann deshalb stolz sein auf die Einrichtung der farbigen Gürtel, so wie auch der einzelne Karateka stolz darauf ist, wenn er wieder die Prüfung zum nächsthöheren farbigen Gürtel bestanden hat."[77]

Das Graduierungssystem stellt das zentrale Lernerfolgskontrollsystem im Taekwondo dar, das aber durch geeignete Methoden der Überprüfung von Taktik, Kondition und theoretischen Kenntnissen ergänzt werden muss.

1.5.2 Lösung taktischer Aufgaben an der Handpratze und mit dem Partner

Zur Überprüfung des taktischen Verständnisses und der taktischen Fähigkeiten eignen sich die Bewältigung von Standardsituationen an der Handpratze und im fortgeschrittenen Stadium leichtes Sparring mit einem Partner mit oder ohne Vorgaben seitens des Lehrers. Durch diese Methoden lassen sich sportartspezifische Wahrnehmungsleistungen wie Distanzeinschätzung, Erkennen und Ausnutzen einer Situation u. a. m. feststellen. Der Einsatz der Handpratze zur Überprüfung der taktischen Fertigkeiten eignet sich für alle Könnensstufen, wobei die Aufgaben vom Erkennen und Ausnutzen einfacher Alternativen bis zum kampfmäßigen Agieren mit der Handpratze reichen können. Im leichten Sparring können Techniken, Technikkombinationen vorgeschrieben werden, die als Angriff vorgetragen werden müssen oder es werden bestimmte Kontertechniken festge-

---

[77] Pflüger, 1982, 22

legt. Durch die Vernachlässigung der taktischen Komponente in der traditionellen Schulungspraxis besteht hier ein Defizit, das einer systematischen Aufarbeitung bedarf.

Die Ausübung des Sparrings:

> „[...] ist nicht zum Beweisen einer Überlegenheit über den Gegner gedacht, sondern bezweckt, mit dem Partner in der Kampfübung zusammenzuarbeiten. Mit dem Partner muß man vertrauensvoll zusammenarbeiten, um alle jene Elemente auszuschließen, die einen gemeinsamen Fortschritt behindern könnten. Die bezogenen Schläge sowie die Mißerfolge müssen sportlich eingesteckt werden. Während des Sparrings müssen wir unbedingt locker sein, um mit maximaler Geschwindigkeit reagieren zu können. Alle vorher erlernten Kombinationen sollen jetzt in der Praxis verwirklicht werden."[78]

1.5.3 Bewertung konditioneller Fähigkeiten und Leistungen

Die Bewertung konditioneller Fähigkeiten stößt auf Schwierigkeiten, die durch Größen- und Gewichtsunterschiede sowie koedukativen Unterricht bedingt sind. Der Lehrer ist in der Lage, während des Unterrichts eine Grobeinschätzung der Kondition der Schüler vorzunehmen, falls diese Einschätzung jedoch in die Zensurengebung einfließen soll, ist das Verfahren zu subjektiv. Es empfiehlt sich, zwischen allgemeinen und taekwondospezifischen konditionellen Fähigkeiten zu unterscheiden. Da das Graduierungssystem des Taekwondo keine konditionelle Überprüfung beinhaltet, muss der Lehrer solche Tests entweder aus anderen Sportarten übernehmen oder selbst entwerfen. Im Prüfungssystem des Kyokushinkai-Karates sind zur Erlangung der nächsthöheren Graduierung Mindestleistungen vorgeschrieben, die eine bestimmte, von Grad zu Grad steigende Zahl von Liegestützen auf den Faustknöcheln, Sit-ups und Kniebeugen beinhaltet. Weiterhin ist vorgeschrieben, Fußtechniken aus dem Grundprogramm über eine bestimmte Zeit hinweg auszuführen.[79] Als eine Orientierungshilfe bietet sich der

---

[78] Rebac, 1985, 108

[79] vgl. Adamy, 1985, 259 ff.

Neun-Minuten-Test bzw. Sechs- oder Drei-Minuten-Test (abhängig vom Alter der Schüler) an. Dieser Test gibt Aufschluss über die lokale Muskelausdauer von drei großen Muskelgruppen, die für das Taekwondo leistungsbestimmend sind. Benötigt wird eine Turnbank. Es werden drei Übungen eingesetzt.[80]

a) Schlusssprünge auf die Bank. Jeder Sprung zählt einen Punkt.

b) Sit-ups an der Bank. Die Beine sind gebeugt. Die Finger sind im Nacken verschränkt, nicht am Hinterkopf. Bei jedem Hochkommen berühren die Ellbogen die Knie. Pro Wiederholung ein Punkt.

c) Liegestütze von der Bank

- Füße sind auf der Bank, Hände berühren sich hinter dem Rücken, der Oberkörper liegt am Boden.
- Hände nach vorne nehmen und unter den Schultern aufsetzen.
- Hochdrücken in den Liegestütz
- Eine Hand legt sich auf die andere (abwechselnd). Jede Liegestützwiederholung wird mit drei Punkten bewertet.

Zur Orientierung sollen folgende Richtwerte vorgestellt werden:

Wo musst Du Dich einordnen?	10 - 12 Jährige	13 - 16 Jährige	über 16 Jährige
	3-Minuten-Test	6-Minuten-Test	9-Minuten-Test
	Gesamtpunktzahl	Gesamtpunktzahl	Gesamtpunktzahl
nicht so doll	unter 100	unter 220	unter 400
ganz gut	bis 130	bis 260	bis 450
sehr gut	bis 150	bis 300	bis 500
Spitzenleistung	über 150	über 300	über 500

(aus Hofmann[81])

---

[80] vgl. Hofmann, 1977, 59
[81] Hofmann, 1977, 58

Die taekwondospezifische Kondition lässt sich durch einen Taekwondo-Zirkel (siehe Anhang) testen, bei dem Techniken an der Pratze unter Zeitdruck ausgeführt werden. Die Gefahr dabei besteht darin, dass die Technik zugunsten von Schnelligkeit und Kraft verfälscht wird. Diese Art der Konditionsüberprüfung ist nur bei weitgehend gefestigter Technikausführung sinnvoll.

1.5.4 Überprüfung des theoretischen Wissens

Die Überprüfung des theoretischen Wissens kann während einer Gürtelprüfung erfolgen, als Fragebogen oder frei zu formulierende Klausur oder unterrichtsbegleitend durch mündliche Prüfungen. Die Inhalte einer Überprüfung können sich auf Terminologie, Regeln, Bewegungsbeschreibungen, biomechanische Gesetzmäßigkeiten beziehen. Je nach Alter der Schüler und der Gewichtung der Theorie im Unterricht wird der Lehrer sich auf eine Möglichkeit oder eine Kombination von Überprüfungsmöglichkeiten festlegen. Theoretisches Wissen und Ergebnisse der Konditionstests sollten als Hilfskriterien in die Bewertung einfließen. Nach Ihlo wird die Note für den Kampfsport nach der Formel (2TN+AN) : 3 gebildet, wobei TN die Techniknote und AN die Anwendung des Erlernten darstellt.[82] Durch diese Konstrukte wird ein höherer Grad an Objektivität in der Bewertung erreicht, ohne den subjektiven Faktor jedoch gänzlich ausschließen zu können.

1.6 Zum Aufbau des inhaltlichen Programms

Das hier vorgestellte Programm stellt ein Maximalprogramm dar, das in dieser systematischen Form nach Wissen des Autors in der Literatur bisher nicht zu finden ist. Dieses Programm soll und kann nicht in dem Sinne verstanden werden, dass es möglich ist, es vollständig im Rahmen der gegebenen organisatorischen Bedingungen durchzuarbeiten. Der hier vorliegende Entwurf versteht sich

---

[82] vgl. Ihlo, 1981, 26

als ein Baukastensystem, das es dem Lehrer ermöglicht, je nach Art der von ihm betreuten Gruppe, abhängig von Alter, Zusammensetzung, vorhandenen Hilfsmitteln, sportlichem Ausgangsniveau und anderen Faktoren, aus dem dargebotenen Programm ein eigenes auf die Bedürfnisse seiner Gruppe zugeschnittenes Teilprogramm zusammenzustellen, ohne den spezifischen Charakter des Taekwondo durch Einseitigkeit zu verfälschen. So soll der folgende Teil der Arbeit auch durch seinen Aufbau als eine Art Handbuch für den Lehrer dienen können.

Bei der Behandlung der technischen und technisch-taktischen Themenbereiche wird nach einem Drei-Schritt-Schema vorgegangen:

1) Im ersten Schritt wird die Theorie zu einem bestimmten Thema abgehandelt, was auch eine Darstellung traditioneller theoretischer Konzepte und ihre kritische Würdigung beinhalten kann.

2) Im zweiten Schritt werden die derzeitigen technischen Lösungen des theoretisch abgehandelten Themenbereichs aufgezeigt. Die Bezeichnung „derzeitige" technische Lösungen ist bewusst so gewählt, um deren Zeitgebundenheit und Vorläufigkeit deutlich zu machen. Die Rolle der Wettkampfregeln für die spezifische Kyorugi (Kampf)-Technik muss als sehr wichtig angesehen werden. Eine Änderung der Wettkampfregeln kann sowohl eine Änderung der Techniken selbst als auch eine Änderung in der Bevorzugung bestimmter Techniken nach sich ziehen. Für den Modellbereich ist diese Weiterentwicklung nicht gegeben, da er praktisch den z. T. seit Jahrhunderten überlieferten, nahezu unveränderten Kanon von Techniken enthält. Das Training dieses Modellbereichs bildet die Grundlage für das Training aller anderen Bereiche und stellt gleichzeitig einen Tribut an die Tradition und an die Besonderheit des Stils in Abgrenzung zu anderen Systemen und Stilen dar, speziell im Formenbereich. Bei der Behandlung der Themen aus dem Modellbereich wird mehr auf übergreifende Gesichtspunkte eingegangen und Techniken werden nur exemplarisch zur Erläuterung und Verdeutlichung von Prinzipien vorgestellt, da Details für diesen Bereich vielfach zugänglich sind.

3) In einem dritten Schritt werden Hinweise für den Lehrer, Übungsformen, Besonderheiten u. ä. ohne den Anspruch auf Vollständigkeit aufgeführt.

Je nach Thema ist die Gewichtung der drei Schritte verschieden, für manche Bereiche erfolgt die theoretische Erläuterung übergreifend für mehrere Themenbereiche, bei einigen Themen entfällt ein Schritt.

1.3 Zur Biomechanik der Taekwondo-Techniken

Die Kenntnisse der biomechanischen Gesetzmäßigkeiten geben dem Lehrer die Möglichkeit, eine Technik auf ihre optimale Ausführung hin zu kontrollieren. Die Kenntnis der Biomechanik erlaubt es auch, von der starren, vorgegebenen Techniknorm abzuweichen und individuelle Variationen nicht an der Tradition zu messen, sondern daran, ob biomechanische „Kenngrößen" oder „Knotenpunkte" verwirklicht werden. Die Forderung nach biomechanisch optimaler Ausführung der Techniken wird in Kampfsituationen, die durch Störeinwirkungen des Gegners gekennzeichnet sind, nur mit Einschränkungen verwirklicht werden können, so z. B. wenn Dollyo-Chagi (Halbkreisfußtritt) aus sehr enger Distanz zum Kopf getreten wird, ohne dass vorher die Möglichkeit bestand, den Abstand entsprechend zu regulieren. Da die Hüftdrehung nur minimal einsetzbar ist, bleibt die Kraftentfaltung des Tritts hinter ihrem Maximum zurück; sie wird hauptsächlich durch die schnelle Streckung aus dem Kniegelenk bewerkstelligt. In der Summe der Teilimpulse, die koordiniert die Kraft des Trittes ausmachen, fehlt fast vollständig der Impuls der Hüfte.

Die Kenntnis der biomechanischen Prinzipien ermöglicht es dem Schüler, Bewegungsstrukturen zu erkennen und Technikausführungen zu beurteilen sowie kritisch zu bewerten, vor allem im Modellbereich. Für den Lehrer wird es möglich, die Gemeinsamkeiten von Techniken und die biomechanische Begründung der einzelnen Technikbestandteile aufzuzeigen und damit über ein rein imitatives Üben der Techniken hinauszugelangen. Die biomechanischen Prinzipien sollen hier im Hinblick auf die Taekwondo-Techniken erläutert werden.[83]

---

[83] vgl. Eberspächer, 1987/Weber, 1984/Hochmuth, 1981/Bäumler, 1981/Grosser, 1987

1.7.1 Prinzip des optimalen Beschleunigungsweges

Dieses Prinzip betrifft einerseits die Länge des Beschleunigungsweges, andererseits den geometrischen Verlauf. Bei den Taekwondo-Techniken ist die Länge des Beschleunigungsweges durch die Art der Technik vorgegeben. Da das Ziel eine möglichst hohe Endgeschwindigkeit ist, wird eine Verlängerung des Beschleunigungsweges durch rotatorische Beschleunigungen für Fußtechniken aus der Drehung (Momdollyo-Chagi) erreicht. Diese Momdollyo-Fußtechniken dienen als Konter, da sie für den Angriff meistens zu langsam sind. Drehungen um die eigene Achse lassen sich jedoch auch als Täuschungshandlung einsetzen und bieten damit eine Verlängerung des Beschleunigungsweges für den eigentlichen Hauptangriff.

Der geometrische Verlauf des Beschleunigungsweges einer Taekwondo-Technik sollte möglichst geradlinig oder „stetig gekrümmt und nicht wellenförmig"[84] sein. Für die Praxis gilt, dass eine Technik umso weniger Zeit für ihre Ausführung benötigt, je geradliniger sie ausgeführt wird. Dem entspricht auch eine Tendenz bei der praktischen Anwendung von Kampftechniken, diese möglichst geradlinig zu schlagen bzw. zu treten, auch wenn sie als Modelltechniken halbkreisförmig ausgeführt werden wie z. B. bei Dollyo-Chagi (Halbkreisfußtritt).

1.7.2 Prinzip der optimalen Tendenz im Beschleunigungsverlauf

„Für Sportarten, bei denen ein Beschleunigungsweg in möglichst kurzer Zeit zurückgelegt werden soll [...], wird danach gefordert, dass die größten Beschleunigungskräfte zu Beginn wirksam werden."[85]

Für Taekwondo-Techniken ist dieser Beschleunigungsverlauf wichtig, um dem Gegner keine Möglichkeit zur Reaktion zu geben. Eine größtmögliche Beschleunigung im letzten Teil der Bewegungsstrecke nützt wenig, da die langsa-

---

[84] Hochmuth, 1981, 163
[85] Willimczik, 1987, 78

me Einleitungsbewegung vom Gegner wahrgenommen werden kann und er damit in der Lage ist, zweckmäßig zu reagieren (Betonung der Explosivität).

1.7.3 Prinzip der Anfangskraft

Dieses Prinzip besagt, dass bei Ausholbewegungen mit sofortiger Bewegungsumkehr eine positive Anfangskraft vorliegt, die kurzfristig eine höhere Kraftentfaltung erlaubt als ein Beginn der Technik aus völliger Ruhe. Angestrebt wird hier die Entfaltung einer „Explosivkraft",[86] die maximale Beschleunigung bei submaximalen Widerständen anstrebt. Ein Problem, sich diese Anfangskraft durch den Bremsstoß und die Bewegungsumkehr nutzbar machen zu können, besteht im Taekwondo darin, dass Ausholbewegungen den Gegner vorwarnen und ihm Zeit zu reagieren verschaffen.

Durch Unterdrücken oder Minimieren der Ausholbewegungen kann dieses Problem umgangen werden. Die Folge davon ist jedoch ein Kraftverlust in der Technikausführung. Dieses „ansatzlose", explosive „Hervorpeitschen" von Techniken muss unbedingt im sogenannten Schusstraining geübt werden (s.u.).

Die zweite Möglichkeit besteht darin, die Ausholbewegung als Bestandteil einer Täuschungshandlung auszuführen und damit zu tarnen. Technikkombinationen und -serien sollten auch unter diesem Gesichtspunkt zusammengestellt und geübt werden.

Physiologisches Substrat dieses Prinzips ist die Vordehnung des Muskels und die optimale Gelenkstellung. Dass mit Hilfe der biomechanischen Prinzipien die tradierten Techniken des Modellbereichs kritisch bewertet werden können, soll hier an einem Beispiel gezeigt werden:

---

[86] Letzelter, 1987, 182

 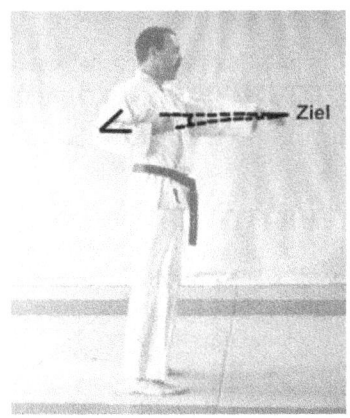

Bei den Taekwondo-Fausttechniken startet die Faust traditionsgemäß von einem Punkt oberhalb des Hüftknochens. Weber[87] führt aus, dass die Stellung der Faust an der Hüfte eine optimale Vordehnung der für den Fauststoß benötigten Muskulatur zur Folge hat. Nach Meinung des Autors dieser Arbeit trifft dies wegen zu großer Winkelstellung zwischen Unter- und Oberarm nicht zu. Die optimale Vordehnung und Winkelstellung ist eher im Kyokushinkai-Karate und im Goju-Ryu-Karate gewährleistet, wo die Faust vor der Technik am Brustansatz gehalten wird. Diese Stellung bewirkt eine höhere Trizepsvordehnung und damit eine höhere Kraftentfaltung. Würde sie noch höher stehen, wäre das Optimum an Vordehnung überschritten und damit der positive Effekt hinfällig. Des weiteren bietet diese Stellung einen kürzeren Weg der Faust zum Ziel und einen besseren Auftreffwinkel.

1.7.4 Prinzip der zeitlichen Koordination von Teilimpulsen

Beim Taekwondo sollen die Techniken als Ganzkörperbewegungen ausgeführt werden, um eine größtmögliche Wirkung zu erzielen. Das bedeutet, dass die Techniken nicht nur mit den entsprechenden Extremitäten ausgeführt werden, sondern in Verbindung mit Rotationen und Translationen des Rumpfes, die

---

[87] Weber, 1984, 9

durch Impulsübertragungen der unteren Extremitäten verstärkt werden. Es handelt sich um ein Zusammenwirken von Teilimpulsen, das sowohl Geschwindigkeit als auch Kraftwirkung erhöhen kann. Für die zeitliche Abfolge stellt Willimczik fest:

> „Für Bewegungen mit zeitlicher Begrenzung ist anzustreben, daß die Beschleunigung einer Schwungbewegung nicht vor der Beschleunigung der Streckbewegung beginnt und daß der Bremsstoß der Schwungbewegung mit dem Ende des Beschleunigungsstoßes der Streckung beendet ist."[88]

Das bedeutet, dass bei einer Fußtechnik im Auftreffen durch Anspannen der Rumpfmuskulatur der Hüftimpuls abrupt unterbrochen wird. Dadurch geht der Impuls der bewegten Körpermasse (Rumpf) in den Impuls der ausführenden Extremität ein. In der Bewegungslehre bezeichnet man die Koordination von Teilimpulsen auch mit dem Begriff der Bewegungskopplung.[89] Anatomisches Substrat der Koordination von Teilimpulsen bilden die sogenannten Muskelschlingen, die z. B. aus Bein-Rumpf-Schulter-Arm eine funktionelle Einheit herstellen.

Eine besondere Rolle spielt in diesem Zusammenhang auch die Steuerfunktion des Kopfes.[90] Durch ein Seitwärtsdrehen werden Rotationen um die Längsachse (Schraubbewegungen) eingeleitet, wie sie in den Momdollyo-Techniken (aus der Drehung) eingesetzt werden. Vielfach hat der Schüler Schwierigkeiten, hierbei sein Gleichgewicht zu bewahren. Eine Korrektur von Seiten des Lehrers muss die richtige Kopfhaltung des Schülers zum Ziel haben.[91]

1.7.5 Prinzip der Gegenwirkung

> „Grundlage des biomechanischen Prinzips der Gegenwirkung ist das dritte Newtonsche Axiom actio et reactio. Bei Bewegungen in der Flugphase (Körper als bewegtes System) gilt danach, daß die Bewe-

---

[88] Willimczik, 1987, 79

[89] vgl. Grosser, 1987, 92

[90] vgl. Grosser, 1982, 48/Meinel, 1987, 145 ff.

[91] vgl. Meinel, 1987, 149)

gungen einzelner Körperteile (z. B. Vorbringen der Beine beim Weitsprung) die Gegenbewegung anderer Körperteile notwendigerweise nach sich ziehen (Vorbringen des Oberkörpers). Beim Stütz auf den Boden kann die Nutzung des Prinzips der Gegenwirkung (z. B. Gegenbewegung beim Laufen und Werfen) zu einer Schaffung besserer Leistungsvoraussetzungen führen (z. B. Verlängerung des Beschleunigungsweges, effektiverer Einsatz großer Muskelgruppen)."[92]

Auf das Taekwondo übertragen zeigt sich das Prinzip der Gegenwirkung in folgenden Aktionen:

a) Bei den Armtechniken im Modelltraining (bei Angriff und Abwehr) wird die nicht ausführende Hand gradlinig zur Hüfte zurückgezogen (jap. „Hikkite").

Hinweis für den Lehrer: Durch Konzentration des Schülers auf dieses Zurückziehen der unbeteiligten Hand lässt sich die Schnelligkeit der eigentlichen Aktion steigern!

b) Eine Rotation um die Körperlängsachse im Hüftbereich zur Verstärkung einer Technik geht mit einer Gegenrotation im Schultergürtelbereich einher.[93] Trifft dies nicht zu, handelt es sich um eine Technik aus der Drehung, wobei die Wirkung der Gegenrotation durch ein Abstoppen des Schultergürtels erreicht wird.

Ein häufiger Fehler bei Anfängern besteht darin, dass diese Gegenrotation im Schulterbereich nicht erfolgt und damit die Stabilität gefährdet oder aufgehoben ist.

c) In der Vorbereitungsphase einer Fußtechnik wird das Knie des Trittbeins nach oben gerissen. Gleichzeitig erfolgt ein Absenken des Körperschwerpunktes durch leichte Beugung im Standbein.[94] Wird das Anreißen des Trittbeinknies mit einer Streckung im Standbein, um Höhe zu gewinnen, verbunden, resultiert bei schwungvoll ausgeführtem Tritt der Verlust des Gleichgewichts bis hin zum Sturz, da dem Schüler buchstäblich das Bein weggerissen wird.

---

[92] Willimczik, 1987, 79

[93] vgl. Barham, 1982, 304 ff.

[94] vgl. La Tourette c, 1982, 71 ff.).

d)   Eine sinnvolle Erlernung und Einübung von Sprungtechniken ist nach Ansicht des Autors ohne Kenntnis und Anwendung des hier erläuterten Prinzips nicht möglich. Ohne entsprechende Gegenbewegungen des nicht-tretenden Beines und Gegenrotation in der Schulterachse erreicht der Schüler kein dynamisches Gleichgewicht in der Luft.

1.7.6   Prinzip der Impulserhaltung

„Nach dem Impulserhaltungsgesetz bleibt der Gesamtimpuls einer Drehbewegung erhalten, d. h. das Produkt aus Trägheitsmoment und Winkelgeschwindigkeit bleibt konstant. Daraus ergibt sich für den Sportler die Möglichkeit, durch Veränderung des Trägheitsmoments die Winkelgeschwindigkeit zu steuern."[95]

Das Trägheitsmoment wird bei einer Drehtechnik im Taekwondo dadurch vermindert, dass man die Extremitäten an die Drehachse bringt und dadurch die Winkelgeschwindigkeit , d. h. die Schnelligkeit, mit der die Drehung ausgeführt wird, erhöht. Zur Stabilisierung muss das Drehbein gebeugt bleiben.

1.7.7   Prinzip der minimalen Trefferfläche

Um die Krafteinwirkung durch eine Taekwondo-Technik möglichst groß zu gestalten, werden die Impact-Teile der Extremitäten, d. h. die Trefferflächen, minimiert. Als Beispiele im Modellbereich, die dieses Prinzip demonstrieren, sind besonders zu nennen: Fingerspitzen, Handkante, Ellbogenspitze, Knie. Dieses Prinzip erfährt im Sportkampf eine Einschränkung aus folgenden Gründen:

a)   Reduzierung der Verletzungsgefahr
   Oben angeführte Trefferflächen sind für den Sportkampf wegen ihrer Gefahr für den Gegner in ihrer Anwendung verboten.

b)   Bei den Fußtechniken im Sportkampf überwiegen die Tritte, die mit dem Fußspann geschlagen werden. Das bedeutet im Sinne des obigen Prinzips eine Verschlechterung der Trefferwirkung, die aber dadurch kompensiert wird, dass die eigene Verletzungsgefahr

---

[95] Willimczik, 1987, 80

klein gehalten wird, weil die Zehen nicht so stauchungs- und bruchanfällig sind wie bei Tritten mit dem Fußballen. Darüber hinaus ergibt sich eine größere Reichweite und ein deutliches Treffergeräusch auf der Kampfweste, was günstig für den Erhalt eines Punktes ist.

1.8 Die Handlungssysteme im Taekwondo

Eine Handlung ist eine:

> „[...] auf die Realisierung eines konkreten Ziels gerichtete, relativ geschlossene, zeitlich und logisch strukturierte Einheit der Tätigkeit."[96]

Unter einem Handlungssystem soll ein unter einer spezifischen Zielsetzung stehender Teilbereich der Kampfkunst Taekwondo verstanden werden. Die Basis des Taekwondo bildet die Grundschule als das Handlungssystem, auf dem die übrigen aufbauen.

Modellbereich:

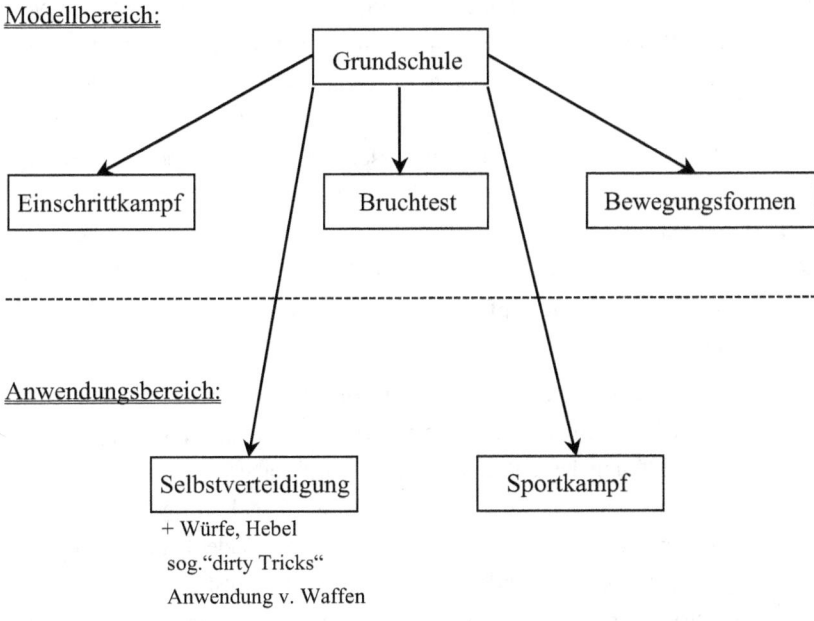

Anwendungsbereich:

+ Würfe, Hebel
sog."dirty Tricks"
Anwendung v. Waffen

---

[96] Thieß, 1986, 71

Den Inhalt der Grundschule bilden die in Jahrhunderten gewachsenen *Modelltechniken*, auf deren Grundlage die Weiterentwicklungen im, durch spezielle Wettkampfregeln gekennzeichneten, Sportkampf entstanden sind. Der Begriff „Modelltechniken" ist vom Autor bewusst so gewählt worden, weil diese Techniken einerseits ein *historisch gewachsenes Repertoire* von technischen Möglichkeiten darstellen, Kampfsituationen zu begegnen, andererseits, weil sie nach der Auffassung der Begründer ein *Optimum an Effektivität* verkörpern sollen. Handlungssysteme, in denen mit diesen Modelltechniken agiert wird, gehören nach der oben stehenden Einteilung zum *Modellbereich*.

Diese Modelltechniken werden ebenfalls unter idealen Bedingungen (berechenbare Umgebung wie glatter Hallenboden, gute Lichtverhältnisse, keine gegnerischen Einwirkungen) ausgeführt und ermöglichen auf diese Weise, sich nur auf die richtige Ausführung und Perfektionierung der Modelltechniken zu konzentrieren. Widerstände, die es zu überwinden gilt (wie beim Bruchtest), und Mitwirkung eines Partners (Einschrittkampf) stellen einerseits eine Testmethode für die Wirksamkeit der Modelltechniken an totem Material dar und andererseits eine Möglichkeit, die Modelltechniken unter genau festgelegten Bedingungen mit einem Partner üben zu können. Eine Besonderheit des Modellbereiches liegt in den Bewegungsformen, die die Modelltechniken in einer festgelegten Abfolge mit Richtungswechseln und Drehungen verbinden. Sie bilden eine Art „Grammatik" des Taekwondo, die alle wichtigen Modelltechniken des Taekwondo einbeziehen und auch als Kampf gegen mehrere imaginäre Gegner interpretiert werden können.

Der Anwendungsbereich beinhaltet zwei Handlungssysteme, die von ihrer Zielsetzung her völlig verschieden sind: die Selbstverteidigung und den Sportkampf. Die Selbstverteidigung lässt sich annähernd beschreiben als ein System von Techniken, das es ermöglicht, aus einer nicht durch Regeln festgelegten Situation mit unmittelbarer Gefahr für Leib und Leben unbeschadet herauszukommen. Die Taekwondo-Techniken aus der Grundschule, die hauptsächlich auf mittlerer bis weiter Distanz ihr Wirkungsoptimum haben, müssen durch Würfe, „dirty tricks" und andere nicht sportliche Mittel ergänzt werden, um eine effektive Selbstverteidigung zu ermöglichen. Im Rahmen dieser Arbeit wird auf eine Behandlung der Selbstverteidigung aufgrund ihres nicht-sportlichen Sondercharakters verzichtet. Ein Sportkampfsystem ist dagegen:

> „[...] jenes Repertoire, Schatz bzw. System von Kampfhandlungen, d.h. Kampftechniken und -taktiken, deren Auswahl und Prioritätssetzung sich aufgrund der Interpretationen und der erwarteten Weiterentwicklung der geltenden Wettkampfregeln ergibt."[97]

Ein Sportkampfsystem stellt immer eine Modifikation und Reduktion der möglichen Modelltechniken dar, da als einschränkende Bedingungen Fremdeinwirkung und Wettkampfregeln manifest werden.

Dem Modell- und dem Anwendungsbereich liegen unterschiedliche Genauigkeitsbegriffe zugrunde. Genauigkeit im Modellbereich bedeutet, dass die auszuführende Technik dem Idealtypus der Technik jeweils so nahe wie möglich kommt. Diese Art von Genauigkeit lässt sich als Formgenauigkeit interpretieren. Besonders stark kommt dies in den Bewegungsformen zum Ausdruck, bei denen Start- und Zielpunkt identisch sind. Die Ausführung verlangt eine standardisierte Technik mit hoher Wiederholungsgenauigkeit, damit auch nach der Ausführung von 20 - 40 Techniken, die choreographisch vorgeschrieben sind, Start- und Zielpunkt zusammenfallen. Für viele traditionell eingestellte Taekwondo-Ausübende stellt eine Perfektionierung der überlieferten Techniken und Bewegungsformen den eigentlichen Inhalt des Trainings dar. Gleichzeitig werden Weiterentwicklungen und Neuerungen als nicht „mit dem wahren Wesen des Taekwondo vereinbar" zurückgewiesen. In dieser Haltung kommt eine Überschätzung der Bedeutung der Form für das Wesen einer Kampfkunst zum Ausdruck. Die philosophische Basis aller DO-Kampfkünste ist der Zen-Buddhismus, wobei die ursprüngliche Intention des Zen darin besteht, über eine mit Hingabe ausgeführte Tätigkeit (spezielle Technik) zu einem geistigen Zustand zu gelangen, der mit „unbewegtem Begreifen" beschrieben wird.[98] Die Form, in der dies geschieht, ist beliebig und austauschbar, sonst wäre es nicht zu erklären, dass so grundverschiedene Tätigkeiten wie Teezeremonie, Bogenschießen, Schwertfechten, Blumenstecken, Taekwondo u.a. das gleiche Ziel an-

---

[97] Jakhel, 1989, 18f.
[98] vgl. Tiwald, 1981, 51

streben. Von diesem Aspekt aus lässt sich die Überbewertung der Technik durch die Traditionalisten nicht rechtfertigen. Da Zen nicht an Formen haftet, sprengt er alle Formen und geht schöpferisch neue Wege.[99]. Wird die sportliche Technik als Teil eines Gesamtkonzepts verstanden und durch den Lehrer auch in diesem Sinne vermittelt, so lassen sich mögliche negative Folgen einer Versportlichung (siehe weiter unten) vermeiden.

Im Anwendungsbereich wird nicht die Wiederholungsgenauigkeit, sondern die Zielgenauigkeit angestrebt. Ist ein hoher Grad an Zielgenauigkeit vorhanden, so ist der Schüler in der Lage, in allen Situationen seine Technik so zu variieren, dass das Ziel getroffen wird. Die Fähigkeit zur Differenzierung, die den Schüler in die Lage versetzt, auch auf kleinste unterschiedliche Nuancen einer Situation zu reagieren, bestimmt die Zielgenauigkeit seiner Technik. Der Anwendungsbereich des Taekwondo mit seinen Systemen Selbstverteidigung und Sportkampf ist deshalb von einer großen Plastizität der Formen geprägt, die ein Ausdruck der Anpassung an die jeweilige Situation darstellt. Als Voraussetzung erfordert sie eine hohe Wahrnehmungspräzision.

1.9 Ordnungs- und Organisationsformen im Taekwondo

Für einen reibungslosen Ablauf des Taekwondo-Unterrichts haben sich Aufstellungsformen herausgebildet, die es - je nach Zielsetzung - erlauben, auch auf engem Raum mit einer Vielzahl von Schülern zu arbeiten. Traditionell ist die Aufstellungsform durch die Hierarchie bestimmt, die in den Gürtelgraden ihren Ausdruck findet. Der Lehrer steht vor der Gruppe, die Schüler in Reihenaufstellung vor ihm. Der Höchstgraduierte steht in der Schülergruppe rechts vorne. Diese Aufstellungsform im Karree wird beim An- und Abgrüßen eingenommen. Daneben gibt es Organisationsformen, die nach ihrer inhaltlichen Intention eine bessere Übersicht, Motivation und Trainingswirkung ermöglichen.

---

[99] vgl. Tiwald, 1981, 52

„Als allgemeine Bedingung muß gelten, daß alle Sportler den Übungsleiter sehen bzw. von ihm gesehen werden können, damit der Informationsfluß möglichst ungehindert ist."[100]

Im folgenden werden die zweckmäßigsten Organisationsformen mit ihren Einsatzmöglichkeiten angegeben:

Zeichenerklärung: 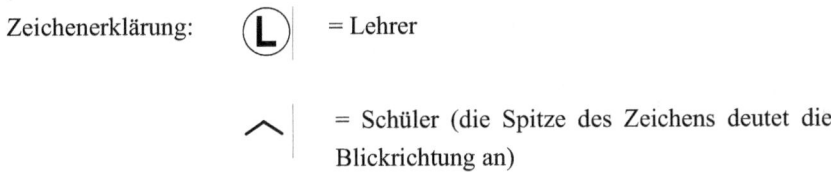 = Lehrer

 = Schüler (die Spitze des Zeichens deutet die Blickrichtung an)

a) Karree

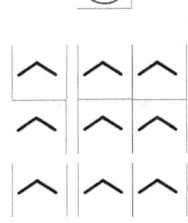

Traditionelle Aufstellungsform beim Angrüßen und Abgrüßen, bei Gymnastik, die mit vielen Leuten auf engem Raum durchgeführt werden muss.

b) Freie, nicht festgelegte Aufstellung

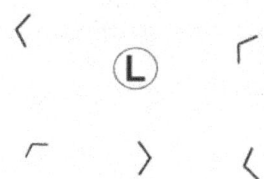

Bei leichter Gymnastik und bei Übungen, die keiner Kontrolle bedürfen.

---

[100] Brockers, 1983, 159

c) Freie Raumwege

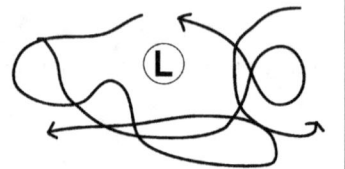

Bei Laufspielen zum Aufwärmen.

d) Kreis

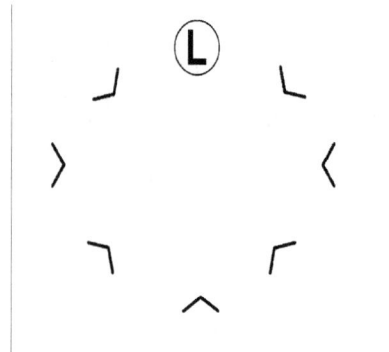

Anwendungsbereiche sind Gymnastik, Technikschulung im Stand oder mit geringer Standortveränderung; wirkt motivierend, da - besonders bei kleinen Gruppen - jeder jeden sieht; der Lehrer steht mit im Kreis oder außerhalb.

e) Doppelkreis

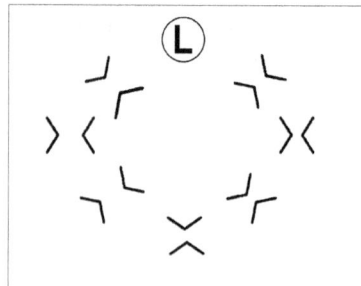

Für Partnerübungen mit sehr vielen Schülern. Ein Wechsel der Partner wird durch Rotation des Innen- oder Außenkreises erreicht.

f) Halbkreis

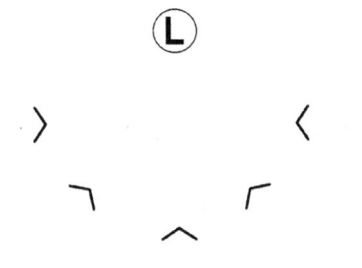

Durch den guten Sichtkontakt zur Technikdemonstration geeignet; bei optischen und akustischen Signalen des Lehrers im Reaktionstraining, für stationäres Grundschultraining.

g) Linienaufstellung

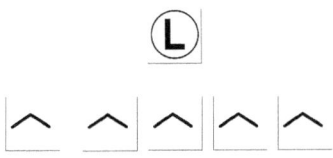

Die Aufstellungsform ist für alle Trainingsinhalte geeignet. Limitierend wirkt die Zahl der Schüler. Bei zu großer Anzahl verliert der Lehrer die Übersicht.

h) Aufstellung in der Gasse

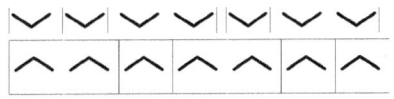

Anwendungsbereiche sind das Grundschultraining am Mann, Einschrittkampf und Kampfübungen. Der Wechsel der Partner erfolgt durch Rotation im Uhr- oder Gegenzeigersinn.

i) Reihenaufstellung

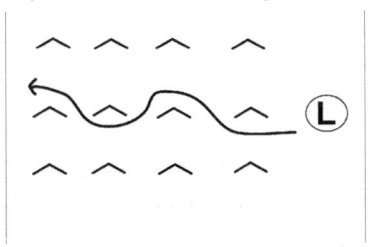

Geeignet für Gymnastik, Grundschule und Bewegungsformen. Durch die eingeschränkten Sichtverhältnisse für Technikdemonstrationen und die Einführung neuer Techniken nicht geeignet[101]

---

[101] vgl. Brockers, 1983, 160

1.10 Zur Terminologie des Taekwondo

Der koreanische Terminus zur Bezeichnung einer Technik besteht aus drei Teilen:

a) Bezeichnung des Körperteils, mit dem die Technik ausgeführt wird.
b) Richtung der Technik
c) Spezifikum der Technik (z. B. mit beiden Armen, Beinen o. ä.)
d) Technikklasse

Dazu können Präfixe kommen (nicht zwingend), die die Seite, mit der die Technik ausgeführt wird, und die Angriffsstufe angeben.

z. B.

Oen	Momdong	Pakkat Palmok	Pakkat	Makki
Links	Mittlere Körperstufe	Äußerer Unterarm	Außen	Abwehr

Dieser ganze Begriff bedeutet also:

Abwehr nach außen mit dem äußeren Unterarm, die mit dem linken Arm gegen einen Angriff zur Mittelstufe ausgeführt wird.

Zur Vermeidung solcher Wortungetüme haben sich Bezeichnungen für Techniken eingebürgert, bei denen, wenn sie hauptsächlich in einer Form ausgeführt werden, bestimmte Teile des vollständigen Terminus weggelassen werden, z. B. „Orun Momdong Pakkat Palmok An Makki" = „Rechte Abwehr mit der Elle von außen nach innen gegen einen Angriff zur Mittelstufe" wird zu „An-Makki".

1.11 Das Modelltraining im Taekwondo

Der Modellbereich des Taekwondo beinhaltet Techniken und Trainingsmethoden, die eine Ausführung der Techniken unter idealen Bedingungen ermöglichen sollen. Die Grundschultechnik des Taekwondo soll unter physikalischer Sicht ein Optimum der Technik unter den Gesichtspunkten des richtigen Einsatzes der beteiligten Muskelgruppen in Bezug auf die richtige Reihenfolge und Dosierung darstellen. Intendiert wird eine individuelle Perfektionierung der traditionellen überlieferten Form, des brennpunktartigen Krafteinsatzes und der richtigen Koordination ohne den Einsatz von Störfaktoren. Das Technikleitbild, das ein Produkt jahrhundertelanger Erfahrung ist, bildet eine feststehende Grundlage für das Gesamtgefüge der Kampfkunst Taekwondo, auf dessen Basis Fortentwicklungen, vor allem im Wettkampfbereich, möglich sind. Der Sinn des Modelltrainings lässt sich in folgenden Punkten zusammenfassen:

a) Erlernen grundlegender Bewegungsabläufe

Die Techniken werden in Formation geübt, ohne gegen ein konkretes Ziel gerichtet zu werden. In den traditionellen Trainingsmethoden beansprucht dieser Teilbereich des Trainings den Hauptteil der Zeit. Erst nach weitgehender Perfektionierung der Grundtechniken wird ein Partner mit einbezogen. Für das Taekwondo erscheint dem Verfasser jedoch eine frühzeitige Einbeziehung des Partners vonnöten, da Distanzgefühl für ein bewegliches Ziel und das Gefühl für den richtigen Zeitpunkt einer Handlung nur in der Arbeit mit einem Partner oder einem konkreten Ziel (Handpratze) erlernt werden kann. Es ist ein Miteinander von Grundschule und Partnerübungen zu fordern, so dass eine parallel laufende Verbesserung der Technik und der oben genannten Eigenschaften erfolgt. Das Üben in die Luft ohne konkrete Ziele soll nur so viel wie nötig, gegen konkrete Ziele so oft wie möglich durchgeführt werden.

b) Aufbau eines umfassenden Technikrepertoires

Da im Kampf Situationen einmalig und nicht wiederholbar sind, werden im Sinne einer Antizipation aller nur denkbaren Situationen sämtliche Techniken kombiniert, sofern das von ihrer Struktur und ihrer Kombination her sinnvoll ist. Die Vielfältigkeit der Techniken im Modellbereich stellt eine Kompensation zur reinen Wettkampftechnik dar. Hier finden auch „exotische" Techniken des realen Kampfes wie Fingerstiche, Ellbogenschläge, Kniestöße u.a. m. Anwendung.

c) Herstellung einer Verbindung zur Vergangenheit

Die historische Komponente des Modelltrainings beruht auf dem Sachverhalt, dass Techniken praktiziert werden, die eine jahrhundertelange Tradition besitzen. Diese Tradition sichert die Kontinuität der Kampfkunst, ohne sie (hoffentlich) sinnvollen Weiterentwicklungen zu verschließen.

1.11.1 Die Grundschule

Die Grundschule ist die Basis aller Handlungssysteme der Kampfkunst Taekwondo. Sie umfasst neben der richtigen Art zu stehen (Stellungen) und sich fortzubewegen vier Technik-Klassen, die den Inhalt der folgenden Kapitel bilden.

1.11.1.1 Die Abwehren (-Makki)

Im Modellbereich spielen die Abwehren eine wichtige Rolle, da durch sie der defensive Charakter der Kampfkunst Taekwondo hervorgehoben wird. Abwehren sind Bewegungsfertigkeiten, durch die - zumeist geradlinig auf Punkte der eigenen Körpermittellinie gerichtete - Angriffe des Gegners zu den und über die Körpergrenzen hinaus abgelenkt werden.

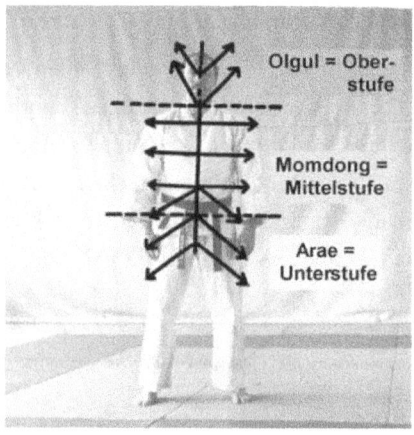

Die Abwehren im Taekwondo sind nicht gleichzusetzen mit den instinktiven Abwehrbewegungen, die reflektorisch bei Gefahr ausgeführt werden, sondern:

> „[...] fast alle Abwehrhandlungen des Sportlers [sind] keine instinktiven, d. h. unbedingten, Abwehrreflexe, sondern speziell erarbeitete Bewegungsfertigkeiten, deren Erlernen nicht auf unbedingten Abwehrreflexen basiert, sondern im Gegenteil ihre aktive Unterdrückung erfordert."[102]

Diese aktive Unterdrückung bezieht sich in erster Linie auf das Bewegungsverhalten, das mit der Abwehr verbunden ist. Statt vor dem Angriff zurückzuweichen, muss der Schüler lernen, in den Angriff „hineinzugehen" oder seitlich auszuweichen. Auch die Struktur der Abwehren ist der der Abwehrreflexe entgegengesetzt.[103]

Abwehren des Modellbereichs lassen sich nach der Intensität ihrer Ausführung und dem Zeitpunkt ihres Einsatzes unterscheiden. Wird die Abwehr mit großer Kraft gegen die angreifende Extremität des Gegners ausgeführt, so gewinnt sie den Charakter einer Angriffstechnik, die in Selbstverteidigungssituationen zu einem Abbruch des Angriffs führen kann. Leichter ausgeführte Abwehren lenken den gegnerischen Angriff ab und eröffnen Möglichkeiten zum Gegenangriff.[104]

Da es wesentlich schwerer ist, einen Angriff kurz vor dem Auftreffen abzuwehren als in der Mitte oder am Anfang, ist, je nach Antizipationsfähigkeit des Schülers, eine frühzeitige Abwehr vorzuziehen.

Für die Ausführung der Abwehren lassen sich einige allgemeine Grundsätze aufstellen:

- „Niemals darf der Kraftvektor der Abwehrtechnik direkt gegen den Vektor der Angriffstechnik eingesetzt werden."[105] Richtet sich Kraft gegen

---

[102] Farfel, 1975, 19

[103] vgl. Farfel, 1975, 19

[104] vgl. Nakayama, 1967, 174

[105] Sebej, 1990, 129

Kraft, gewinnt der Stärkere. Eine Abwehr soll jedoch eine Sache der Technik, nicht nur der Kraft sein.

- Ein Angriff soll nicht gestoppt, sondern aus seiner Bahn gebracht und eventuell weitergeleitet werden und damit eine Störung des gegnerischen Gleichgewichts bewirken.
- Abwehren sind Ganzkörpertechniken. Eine Abwehr dient als zusätzliche Sicherung bei der Ausweichbewegung des Körpers aus der Angriffsbahn.
- Abwehren aus dem Modellbereich dienen in erster Linie dazu, Angriffe mit geradliniger Angriffsbahn abzulenken. Gegen Haken, Cross-Schläge u.a., deren Angriffsbahn gekrümmt verläuft, sind sie nur mit großen Einschränkungen tauglich.

Für den Unterricht lassen sich vier Gruppen von Abwehren unterscheiden, die in sich mehrere Varianten beinhalten, aber sonst die gleiche Struktur aufweisen:

a) Olgul-Makki (Abwehr gegen einen Angriff zur Oberstufe)
    Der Angriff wird schräg nach oben abgelenkt.

b) Pakkat-Makki (Abwehr von innen zur äußeren Körperbegrenzung) Diese Abwehr wird meist gegen Angriffe zum Rumpf angewandt.

c) An-Makki (Abwehr von außen nach innen) Es handelt sich um eine Prellbewegung, die die gegnerische Angriffsbahn von der eigenen Mittellinie ablenkt.

d) Arae-Makki (Abwehr nach unten) Diese Abwehr wird gegen Fußangriffe angewandt.

Darüber hinaus gibt es Abwehren mit beiden Händen, kombinierte Abwehren, Abwehren mit den Beinen. Im Rahmen dieser Arbeit wird auf die Auflistung der einzelnen Möglichkeiten verzichtet. Es genügt der Hinweis, dass sich nahezu alle Abwehrtechniken auf eine der vier oben genannten Kategorien zurückführen lassen.

1.11.1.2 Zur Lehrweise der Abwehrtechniken

Erfahrungsgemäß bereitet es Anfängern Schwierigkeiten, gemeinsame Strukturen und Prinzipien in der Vielfalt der Abwehrtechniken zu erkennen. Die Aneignung der Abwehrtechniken vollzieht sich in drei Phasen.

In der ersten Phase liegt das Schwergewicht auf dem Erlernen der korrekten Bahn der Abwehrtechnik. Der Lehrer muss das Prinzip der Abwehrtechniken deutlich machen (Ableitung des gegnerischen Angriffs zu den Körpergrenzen, so dass er bei Weiterführung knapp am Körper vorbeigeht) und eine klare Bewegungsvorstellung der Technik schaffen. Es hat sich in der Praxis bewährt, solche Abwehrtechniken zusammengefasst zu lehren, die eine gemeinsame Ausgangsstellung haben.

Nachdem die Bahn der Abwehrtechnik in Grobform ausgeführt werden kann, wird sie in verschiedenen Grundstellungen ausgeführt und anschließend mit Gegenangriffstechniken verbunden.

In der zweiten Phase wird die Dynamik der Abwehrtechniken, d.h. Kraft und Schnelligkeit, geschult. Hilfsmittel des Lehrers sind u. a. ein langer Stock, der ausgestreckte Arm, der durch eine Abwehrtechnik aus der Zielrichtung gebracht werden muss. Als „Hausaufgabe" des Schülers bietet sich an, die richtige Endstellung der Technik isometrisch gegen die eigene Hand, Widerstand des Partners o. ä. anzuspannen. Diese Methode fördert das Gefühl für den richtigen Krafteinsatz der Technik.

In der dritten Phase wird die Technik mit dem Partner trainiert. Ein Partner stößt relativ langsam zu einem vorher ausgemachten Zielpunkt, der andere blockt mit einer vorgegebenen Technik und kontert. Beide Schüler verändern ihre Position nicht, damit keine Distanzprobleme entstehen.

Eine weitere Steigerung besteht in der dritten Phase in der Anwendung im Einschrittkampf, wo als Erschwerung die Wahl des richtigen Zeitpunkts der Abwehr und die korrekte Distanzeinschätzung sowohl für die Abwehr als auch für den Gegenangriff hinzukommen.

1.11.1.3 Die Stöße (-Chirugi)

Unter den Stößen im Taekwondo versteht man Armtechniken, deren *Bahnen fast gleichsinnig mit der Längsachse des Unterarms verlaufen.*[106] Der Großteil der Chirugi-Techniken hat eine *geradlinige Stoßbahn*, bei einigen ist die Stoßbahn gekrümmt. Gestoßen wird mit verschiedenen Flächen der Hand wie Vorderfaust, wobei die Knöchel von Zeige- und Mittelfinger die Auftrefffläche bilden, Handballen, Fingerspitzen etc.

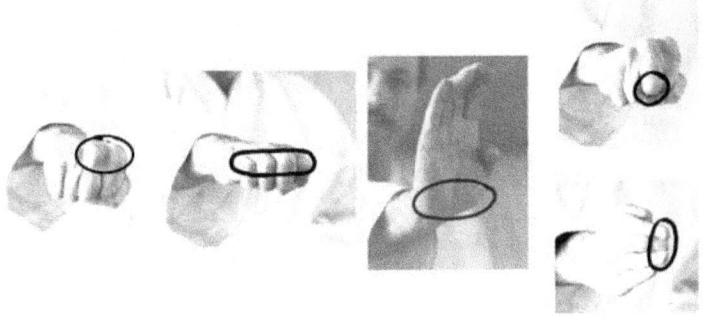

Je nach der Beinstellung unterscheidet man zwei Arten von Stoßtechniken:

---

[106] vgl. Sebej, 1990, 94

a) linkes Bein steht vorne, rechte Faust stößt und umgekehrt = *Paro-Chirugi*

b) linkes Bein steht vorne, linke Faust stößt und umgekehrt = *Pandae-Chirugi*

Die Ausführung der Stoßtechniken unterliegt folgenden Prinzipien:

a) Die Bahn der Faust (o. a.) verläuft *geradlinig* von der Hüfte zu dem *Ziel auf der gegnerischen Mittellinie* („Ellbogen schleift an der Körperseite entlang", Aufmerksamkeit des Schülers auf das Schleifgeräusch des Stoffes lenken).

b) Diesem geradlinigen Vorstoßen entspricht ein ebensolches Zurückziehen des nicht beteiligten Arms zur Hüfte.

c) Die Fäuste werden beide erst kurz vor dem Auftreffen gedreht.

d) Werden die Stoßtechniken aus einer Stellung heraus als Paro- oder Pandae-Chirugi ausgeführt, so gilt, dass:

> „[...] die Bewegung des Schwerpunktes in Richtung nach unten die Technik verstärkt, in Richtung nach oben jedoch abschwächt. [...] Wenn es eine Technik nicht ausdrücklich anders verlangt, gilt der Grundsatz, daß sich der Schwerpunkt in der horizontalen Ebene bewegen und seine Höhe nicht verändern sollte. Eine unbegründete zusätzliche Bewegung des Schwerpunktes (vor allem nach oben) [...] stellt einen Wirksamkeitsverlust der Technik und einen überflüssigen Energieaufwand dar."[107]

e) Bei Pandae-Chirugi wird die Stärke der Bewegung durch eine *Bewegung des Schwerpunktes in Richtung der Technik* (Translation) erzeugt. Gemäß der Formel F = m • a geht neben der beteiligten Körpermasse die Beschleunigung in die Kraft der Technik ein. Diese Fähigkeit zur Beschleunigung ist abhängig von der *Explosionskraft der Beinmuskulatur*. Trainingsmethodisch bedeutet das, dass eine Verbesserung der Handtechniken u.a. auch mit der Verbesserung der Beinkraft einhergehen muss.

f) Das Wirkungsprinzip des Paro-Chirugi beruht auf einer *Drehbewegung der Hüfte* (*Rotation*). Diese Rotation soll mit dem Auftreffen der Technik beendet sein. Sie ist von großer Wichtigkeit, da eine Vielzahl von Taekwondo-Techniken mit einer Drehung der Hüfte ausgeführt werden. Die Rotation erlaubt es, Techniken als *Ganzkörpertechnik* auszuführen, so dass ein Großteil der Körpermasse „hinter der Technik steht" und diese nicht nur mit dem Arm oder Bein ausgeführt wird. Diese Rotation ist eigentlich eine *zweifache Drehung*. Einer

---

[107] Sebej, 1990, 52 f.

einleitenden Rückdrehung der beteiligten Seite (vergleichbar mit dem Spannen eines Gewehrs) folgt die *explosive Bewegungsumkehr* mit Absenken des Schwerpunktes und Ausführung der Technik.

Es gilt die Regel, dass die Drehung der Hüften den Stößen, Schlägen und Tritten vorangeht. Bei der Einführung der Stoß- und Schlagtechniken im Unterricht muss der Lehrer eindringlich darauf hinweisen, dass die Bewegung der stoßenden oder schlagenden Extremität in Relation zur Rotationsbewegung der Hüften von sekundärer Bedeutung ist!

g) Bei der Ausführung muss immer eine scharfe Ausatmung erfolgen, eventuell in Form eines Kihaps (Kampfschrei). Die schlechte Gewohnheit des Atemanhaltens speziell bei Anfängern muss durch *Bewusstmachen* und geeignete Maßnahmen des Lehrers (Üben der Technik mit Kihap) unterbunden werden.

1.11.1.4 Die Schläge (-Chiki)

Die Schläge im Taekwondo sind dadurch charakterisiert, dass sie einen anderen *Auftreffwinkel* bezüglich der Längsachse des Unterarms haben.[108] Ihre Angriffsbahn verläuft zumeist *halbkreisförmig*. Durch den längeren Weg sind sie etwas langsamer als die geradlinigen -Chirugi-Techniken, ihre Endbeschleunigung und

---

[108] vgl. Sebej, 1990, 110

damit die erreichte Kraft ist dafür größer. Für den Unterricht sollen folgende Techniken als Grundgerüst gewählt werden:

a) Sonnal-An-Chiki (Handkantenschlag nach innen)

Sonnal-Pakkat-Chiki (Handkantenschlag nach außen)

Sonnal-Dung-Chiki (Innenhandkantenschlag)
(ohne Bild)

b) Dung-Jumok-Ape-Chiki (Faustrückenschlag)

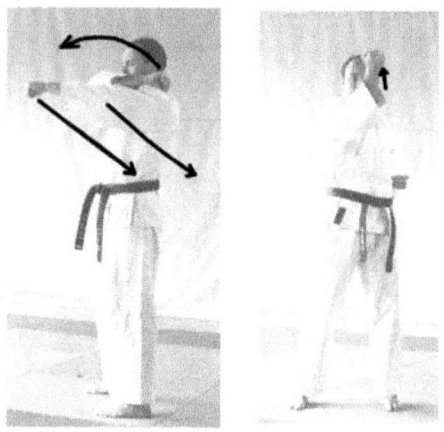

c) Palkup-Chiki (Ellbogenschlag)

Möglichkeiten weiterer Techniken bieten Gil, 1978 / Kim, 1985 / Pflüger, 1975. Schlagtechniken werden in Verbindung mit einer *Hüftdrehung* ausgeführt. Erfahrungsgemäß bereitet es Anfängern zuerst Schwierigkeiten, Schlagtechniken mit der nötigen Kraft durchzuführen, d. h., die Kraft aus der Hüftdrehung auf die Technik zu übertragen. Die Kraft der Schlagtechniken wird dadurch gesteigert, dass sie *schnappend* geschlagen werden, d. h., nach dem Auftreffen wird die angreifende Extremität sofort zurückgefedert (Anweisung des Lehrers: Das Zurückziehen der Auftrefffläche muss *schneller* erfolgen als der eigentliche Schlag!). Die Schlagtechnik muss im Auftreffpunkt arretiert werden, und die Schüler erlernen die Schlagtechnik in der Weise, dass erst nach korrektem Krafteinsatz in der Endphase das Zurückfedern in die Übung aufgenommen wird.

1.11.1.5 Zur Lehrweise von Stoß- und Schlagtechniken

Der Lernprozess der Stoß- und Schlagtechniken gliedert sich wie der der Abwehrtechniken in drei Phasen:

1. Phase: Erlernen der korrekten Bewegungsbahn

Fehler, die der Schüler sich in der Anfängerphase aneignet, sind später schwer korrigierbar. Bei den geradlinigen Stößen muss der Lehrer sein Augenmerk auf die Einhaltung der korrekten Bewegungsbahn richten. Dies gilt auch für das geradlinige *Zurückziehen der nichtbeteiligten Faust zur Hüfte*, das später die Schnelligkeitsentwicklung der Technik unterstützen kann. Nach Festigung des korrekten Bewegungsablaufs werden die Techniken in Verbindung mit verschiedenen Stellungen ausgeführt.

2. Phase: Entwicklung von Schnelligkeit und Kraft

Hierbei bieten sich die *Mehrfachausführung* einer Technik, wobei gleichzeitig die Entspannungsfähigkeit nach der Anspannung in der Endphase einer Technik geschult wird, und das Training mit Hilfsmitteln wie *Fahrradschlauch und Deuser-Band* an.

Eine Möglichkeit zur Entwicklung der Kraft der Armstreckung bieten *enge Liegestütz auf den Faustknöcheln*, wobei die Arme beim Herunterlassen des Körpers an den Körperseiten entlang schleifen.

Zur Schulung der *Schnellkraft der Beine* als Grundlage der Explosivität der Stoß- und Schlagtechniken gibt es neben allgemeinbildenden Übungen noch zwei wirksame Möglichkeiten: Der Körper wird - in Verbindung mit einer Fausttechnik - aus dem *Kniestand* nach vorne katapultiert.

3. Phase: Anwendung mit dem Partner im Einschrittkampf (Hanbon-Kyorugi)
Der Schüler erlernt hierbei weitere Elemente wie exakter Auftreffwinkel der Technik, Distanzeinschätzung zum Partner und präzise optisch-motorische Berechnungen durch Wahl des richtigen Zeitpunkts zur Anwendung der Technik.

Im Einschrittkampf ist es möglich, auch Techniken zu trainieren, die für das Sparring zu gefährlich sind (z. B. Fingerstich zu den Augen, Ellbogenschläge zum Kopf u. a.)

1.11.1.6 Die Beintechniken (-Chagi)

Ungefähr 70 % der Techniken des Taekwondo sind Beintechniken. Taekwondo verfügt über das umfassendste und differenzierteste System von Beintechniken innerhalb der Systeme, die mit Schlag- und Tritttechniken agieren. Diese Bevorzugung von Beintechniken geht auf den alten, koreanischen Fußkampf Taekyon zurück, aus dem erst 1955 durch Hinzufügung von Techniken aus dem Soo Bak (eine andere alte koreanische Kampfart) und dem Karate durch General Choi Hong Hi das einheitliche System des Taekwondo entstand.[109] Während das japanische Karate die Handtechniken bevorzugt, überwiegen in der Trainingspraxis des Taekwondo die Beintechniken. Bei den Beintechniken gibt es sowohl Angriffs- als auch Abwehrtechniken. Im modernen Wettkampf-Taekwondo spielen die Abwehrtechniken mit den Beinen keine Rolle mehr. Das Training der Tritttechniken ist vergleichsweise schwieriger als das der Armtechniken, da der Gebrauch der Beine in alltäglichen Verrichtungen sehr viel weniger vorkommt als der vielseitige Gebrauch von Armen und Händen. Das Training der Beintechniken stellt hohe Anforderungen koordinativer Natur sowie an Beweglichkeit, Distanzeinschätzungsfähigkeit u. a. m. Unabhängig davon, welche Techniken trainiert werden sollen, existieren bestimmte *Prinzipien zur Ausführung der Beintechniken*, ohne deren Beachtung keine optimale Form und Effektivität der Tritte möglich ist. Der Lehrer muss bei der Einübung der Tritte auf die *Einhaltung dieser Grundprinzipien* achten und durch ihre Vermittlung an die Schüler eine geeignete Bewegungsvorstellung schaffen. Im einzelnen müssen folgende Prinzipien bei der Ausführung eines Trittes verwirklicht werden:

a)   Ein Tritt muss *locker* ausgeführt werden. Die maximale Muskelspannung erfolgt explosionsartig erst im Moment der vollständigen Extension des Tritt-

---

[109] vgl. Choi, 1972, 23

beins. Durch die lockere Ausführung ist es möglich, einen Tritt schnell zum Ziel zu bringen. Eine solche Verfahrensweise ist außerdem *ökonomisch*, weil keine Kraft vergeudet wird. Die Fähigkeit zur maximalen Spannung in Bruchteilen einer Sekunde beim Auftreffen und anschließenden Entspannung ist ein Kennzeichen des fortgeschrittenen Taekwondoin.

b) Vor der Ausführung eines Tritts muss das Trittbein eine *optimale Vordehnung der Beinstrecker* (M. quadriceps) erfahren. Hierbei kommen zwei Möglichkeiten zur Anwendung, die einzeln oder in Kombination gebraucht werden. Die erste besteht in einem *Hochreißen des Knies* mindestens über Gürtelhöhe mit gleichzeitiger *Translation oder Rotation der Hüfte* in die Richtung des beabsichtigten Trittes.

Die zweite Möglichkeit besteht in einem *Anklappen der Ferse zum Gesäß* mit *sofortiger Bewegungsumkehr* und Weiterleitung in die Angriffsbahn des Tritts. Aus beiden Möglichkeiten in Kombination resultiert eine maximale Beugung im Kniegelenk, die einen langen Beschleunigungsweg mit großer Kraftentfaltung ermöglicht. Wird das Knie des Trittbeins so hoch wie möglich angezogen, so hat das zwei Effekte. Der Grad der Ungewissheit beim Gegner wird erhöht, weil aus dieser Position zu jeder Angriffsstufe getreten werden kann und eine Abwehr erschwert wird. Weiterhin ist die Kraftentwicklung eines Trittes umso größer, je kleiner der Winkel zwischen der Angriffsbahn des Trittes und einer horizontal durch das Ziel verlaufenden Linie ist.[110]

Im Idealfall stimmen beide Linien überein. Dieses Anreißen des Knies entfällt bei Dwit-Chagi (Rückwärtstritt) und Pandae-Dollyo-Chagi (Fersendrehschlag). Zur Erreichung der Vordehnung wird nur das *Anfersen mit sofortiger Überleitung in die Bewegungsbahn des Trittes* angewandt. Der Lehrer muss darauf achten, dass die Schüler den Tritt in einer flüssigen Bewegung ausführen, ohne nach der oben beschriebenen Einleitungsphase zu stoppen.

c) Das Hochziehen des Knies und das Anfersen wird durch eine *Verlagerung des Schwerpunktes nach unten* (leichtes Beugen des Standbeines) begleitet. Der Sinn dieser Maßnahme besteht darin, die Stabilität (der Schüler steht nur auf einem Bein) zu gewährleisten und in der Streckphase des Trittbeins durch Vorschieben der Hüfte und Streckung des Standbeins in Trittrichtung zur Kraftentwicklung des Tritts beizutragen.

d) In der Endphase des Trittes müssen Körper, Hüfte und Trittbein eine Linie bilden. Vom physikalischen Standpunkt aus verlaufen dann alle Kraftlinien in einer Richtung und der Tritt wird als Ganzkörperbewegung ausgeführt. Diese

---

[110] vgl. Chong Lee, 1978, 21

Idealforderung erfährt im Sparring öfter Abstriche, da eine optimale Distanz vonnöten ist, um einen Tritt nach diesen Kriterien auszuführen.

e) Direkt im Anschluss an die Streckphase des Trittbeins wird das Bein wieder in die Ausgangsstellung zurückgezogen. Dadurch soll dem Gegner die Möglichkeit genommen werden, das Bein zu ergreifen und:

> „Der Impuls, der dem gegnerischen Körper erteilt wird, ist so stärker und stört nicht unnötig die Stabilität dessen, der den Stoß ausführt."[111]

Beintechniken können

- mit dem *hinteren Bein*
- mit dem *vorderen Bein*
- aus dem *Sprung* und /oder aus der *Drehung*
- als *Mehrfachfußstöße* ohne Absetzen des Trittbeins

ausgeführt werden.

Die Ziele liegen auf der *gegnerischen Körpermittellinie* oder greifen die *Seiten des Gegners* an. Eine ausführliche Besprechung erfolgt weiter unten bei der Behandlung der Kampftechniken.

Für eine methodische Einführung eignet sich die nach didaktischen Gesichtspunkten erstellte Reihenfolge:

---

[111] Sebej, 1990, 155

1)   *Ap-Chagi (Vorwärtsfußtritt)*

Als Teil des Ap-Chagi läßt sich Murup-Chagi (Knietritt) trainieren und als Variante Paltung-Ap-Chagi (- Bezug zur Selbstverteidigung → Tritt in die Genitalien)

2)   *Yop-Chagi (Seitwärtsfußtritt)*

Im Anfängerunterricht wird der Yop-Chagi zuerst in Kniehöhe getreten, erst mit klarer Bewegungsvorstellung wird der Tritt höher angesetzt.

3) Dwit-Chagi (Rückwärtsfußtritt)

Die Schwierigkeit bei der Einführung des Dwit-Chagi besteht darin, dass nur eine rudimentäre optische Kontrolle durch den Schüler möglich ist. Der Lehrer muss versuchen, über den kinästhetischen Regelkreis die entsprechenden sensorischen Erwartungen aufzubauen.

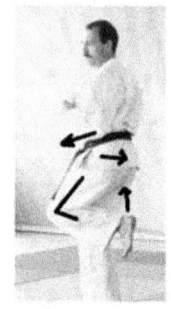 

4) Dollyo-Chagi (Halbkreisfußtritt)

Der Dollyo-Chagi beginnt wie der Ap-Chagi und erfahrungsgemäß fällt es Schülern schwer, den Unterschied zu erkennen. Das Wesen des Dollyo-Chagi besteht im Gegensatz zu den geraden Fußtritten darin, dass er „um die Ecke herum tritt."

5) Übrige Fußtechniken

Abhängig von der Gruppe, der vorhandenen Zeit und anderen Faktoren ist das weitere Vorgehen beliebig gestaltbar.

1.11.1.7 Zur Lehrweise der Beintechniken

Der Lernprozess ist in drei Phasen zu unterteilen:

1. Phase: Erlernen der korrekten Angriffsbahn

Da die Gleichgewichtsfähigkeit des Anfängers noch nicht in dem Maße ausgebildet ist, wie es zur Konzentration auf die korrekte Technik unter Bewahrung des Gleichgewichts vonnöten ist, empfiehlt es sich in dieser Phase, den Schülern eine *Hilfestellung* in Form einer Sprossenwand, Partner, Wand, Stuhl etc. zur Verfügung zu stellen, damit sie sich auf die Bewegung des Trittbeins konzentrieren können, ohne das Gleichgewicht zu verlieren. Zur Konzentration auf die korrekte Angriffsbahn des Fußes eignet sich ein Training, bei dem die Schüler *am Boden* liegen und die Bewegung des Trittes ausführen.[112]

In der Anfangsphase spielt die Höhe des Trittes keine Rolle. Um das bewusste Hochreißen des Knies zu schulen, kann der Lehrer die Schüler über *Hindernisse* (Turnbank, gehaltener Gürtel, kniende Partner) treten lassen.

2. Phase: Aufbau von Schnellkraft

In dieser Phase geht es darum, sowohl die *dynamischen Anteile* der Trittmuskulatur als auch die *Haltemuskulatur* zu stärken.

---

[112] vgl. Shiomitsu, 1985, 48 ff.

- Tritte aus dem Kniestand

- Tritte mit dem Fahrradschlauch / Deuser-Band
  (Vorsicht bei unkorrekter Bewegungsbahn!)
- Tritte im schulterhohen Wasser
- Mehrfachtritte, ohne den Fuß abzusetzen, gleiche und verschiedene Tritte
- Sprungtritte
- Fußtritte am Sandsack und an der Armpratze

3. Phase: Anwendung der grundschulmäßigen Beintechniken im Einschrittkampf
Werden die Beintechniken mit dem Partner geübt, so tritt zum Problem der korrekten Ausführung noch dasjenige der präzisen Distanzeinschätzung und des Auftreffwinkels hinzu.

1.11.2 Zur Trainingspraxis der Grundschule

- *Einzeltechniken*, im Vorwärts- und Rückwärtsgehen

Wenn die Grobform der Techniken erreicht ist, werden Techniken aus den vier Technikklassen zu Kombinationen oder Serien verbunden:

	Abwehr	Stoß	Schlag	Tritt
Abwehr	x	x	x	x
Stoß		x	x	x
Schlag		x	x	x
Tritt		x	x	x

- Bei den *Kombinationen* im Grundschultraining ist so zu verfahren, dass einer Abwehr eine bis drei Gegenangriffstechniken folgen. Allzu künstliche imaginäre Situationen sollen vermieden werden. Diese Art des Trainings in der Grundschule ist eine *Vorbereitung auf den Einschrittkampf*, bei dem die gleichen Kombinationen mit dem Partner ausgeführt werden. Kombinationen und Serien werden nicht als eine abgehackte Aneinanderreihung von Einzeltechniken ausgeführt, sondern als eine Bewegungseinheit. Der Lehrer muss darauf achten, dass trotz der Phasenverschmelzung der Techniken die korrekte Form beibehalten wird.

- Der Komplex Abwehr-Gegenangriff kann zeitlich *sukzessiv* (zuerst Abwehr, dann Gegenangriff) oder *simultan* (Gleichzeitigkeit von Abwehr und Gegenangriff) ausgeführt werden.

- Die Abwehren, Stoß- und Schlagtechniken lassen sich in *Pandae-* (der Arm der Körperseite, wo das Bein vorne steht, führt die Technik aus) oder *Paro-Form* (linkes Bein vorne, rechter Arm führt die Technik aus und umgekehrt) ausführen.

Arae Makki in Paroform, Gegenangriff Pandae-Chirugie

- Es ist unmöglich, in jedem Training sämtliche Grundschultechniken und Kombinationen durchzuführen. Der Lehrer muss *exemplarisch Techniken aus den vier Klassen* auswählen und die allgemeinen Prinzipien der Technikklassen an ihnen demonstrieren.

1.11.3 Der Einschrittkampf (Hanbon-Kyorugi)

Unter Einschrittkampf wird eine Übungsform verstanden, bei der die Grundschultechniken unter *Einbeziehung eines Partners* geübt werden. Der Partner greift mit einer festgelegten Aktion (Pandae-Chirugi) an, die vom Schüler mit einer Abwehr und einem Gegenangriff beantwortet wird. Durch die Einbeziehung eines Partners fließen zusätzliche Trainingsaspekte in die Schulung der Grundtechniken ein.[113] Der Schüler führt die Grundtechniken nicht mehr nur in die Luft aus, sondern muss eine *präzise Distanzeinschätzung* zum Partner vor-

---

[113] vgl. Kelch, 1990, 11

nehmen, die ihm ermöglicht, die Technik *kontrolliert* wenige Zentimeter vor dem Ziel zu stoppen. Damit verbunden ist das Üben des *richtigen Auftreffwinkels*, d. h., eine Technik muss senkrecht auf eine Zielfläche auftreffen. Durch den festgelegten Angriff des Partners ist der Schüler gezwungen, den *richtigen Zeitpunkt* für seine Abwehr und seinen Gegenangriff zu bestimmen. Als Theorie kommt noch das Kennenlernen der *Angriffspunkte am Körper* hinzu.

1.11.3.1 Die Ausführung des Hanbon-Kyorugi

Beide Partner stehen sich in Chunbi (Wachsamkeit)-Stellung auf Armlänge gegenüber. Der Angreifer geht rechts einen Schritt mit Arae-Makki links zurück und nimmt die Ap-Gubi-(Vorwärts)-Stellung ein. Beide verständigen sich durch

einen kurzen Laut, dass sie konzentriert und bereit sind, die Aktion durchzuführen.

Der Ausführende hat zwei Möglichkeiten, diesem geradlinigen Angriff zu begegnen:

a) Er bewegt sich in einem Winkel von ca. 30° - 45° zur Angriffslinie aus der Angriffsbahn nach außen, wehrt ab und kontert oder

b) nach innen und führt die Abwehr und den Gegenangriff aus.

Diese Vorgehensweise bildet eine Vorbereitung auf das später im Anwendungstraining gebrauchte Winkelprinzip (siehe unten).

1.11.3.2 Zur Lehrweise des Hanbon-Kyorugi

a) *Distanzschulung*

- Beide Partner stehen sich ruhig gegenüber. Einer greift *aus dem Stand* mit Hand- und Fußtechniken an und stoppt wenige Zentimeter vor dem Ziel.
- Dieselbe Übung *aus der Bewegung* (Vorgehen mit Ap-Gubi)
- Der Partner verändert seine Position, so dass sich der Angreifer immer wieder auf neue *Distanzen* einstellen muss

b) *Schulung der Wahl des richtigen Zeitpunktes*

- Beide Partner stehen sich auf Armlänge gegenüber. Ein Partner führt einen Fauststoß auf einen vorher vereinbarten Zielpunkt am Gegner aus, den dieser abwehrt. Nach 10 Wiederholungen Rollenwechsel
- Ausführung des vollständigen Einschrittkampfes unter Berücksichtigung von *korrekter Stellung, Distanz, Krafteinsatz, Timing* und *Kihap* (Kampfschrei).

1.11.4 Der Bruchtest (Kyek-Pa)

Der Bruchtest ist eine Handlung, bei der die Wirkung der Grundtechniken auf Materialien verschiedener Art getestet wird. Er ist *kein regulärer Trainingsinhalt*, sondern bildet eine Art „Nebenprodukt" der normalen Trainingsarbeit. Bruchteste werden erstmalig zum blauen Gürtel (4. Kup) nach der Prüfungsordnung der Deutschen Taekwondo Union gefordert. Der Bruchtest ist als solcher *nicht trainierbar*. Die *Voraussetzungen technischer Natur* sind auch Bestandteile des Trainings der anderen Handlungssysteme des Modellbereichs. Diese Voraussetzungen sind im einzelnen:[114]

a)   Korrekte, mit voller Kraft ausgeführte Technik

Entscheidend sind der richtige *Auftreffwinkel auf das Ziel* (90°) und die *Abhärtung der Schlagflächen*, mit denen der Bruchtest ausgeführt wird.

b)   Verbindung der Technik mit dem *Kihap* (Kampfschrei). Durch die damit erfolgende *explosionsartige Ausatmung* gewinnt die Technik an Kraft.

Die Hauptkomponente eines Bruchtests stellt die *geistige Einstellung* dar. Kelch schreibt dazu:

> „Die geistige Einstellung ist die wichtigste Komponente des Bruchtests, die nicht wie Technik oder Atmung erlernt und trainiert werden kann. Sie muß sich selbst bilden und zwar aus den Erfahrungen, die man mit und durch Taekwondo macht. Hat man noch nicht die erforderliche Einstellung zum Bruchtest gefunden, das heißt, Angst ist vorhanden oder Bedenken, ihn überhaupt zu schaffen, dann läßt diese Hemmung den Bruchtest nicht gelingen. Das bedeutet, man muß frei von den Gedanken sein, die den Bruchtest negativ beeinflussen. Im Geiste muß der Bruchtest schon vor Ausführung der Technik vollzogen sein. Diese Einstellung wirkt sich so auf den Körper aus, daß er ohne zu zögern gehorcht und in optimaler Form die geforderte Bewegung ausführt."[115]

1.11.5 Die Bewegungsformen (Poomse)

In den bisher vorgestellten Handlungssystemen beinhalteten die relevanten Aktionen eine bis drei Techniken. Die Bewegungsformen dagegen bestehen aus einer festgelegten Anzahl und Folgen von genau definierten Abwehren, Angriffen, Schritten, Drehungen und Richtungsänderungen, die in einem *festen Rhythmus* verbunden mit einer bestimmten *Atmung* ausgeführt werden. Die Zahl der

---

[114] vgl. Kelch, 1988, 13

[115] Kelch, 1988, 13

vorgeschriebenen Aktionen in einer Form kann von 20 bis 50 variieren. Diese Folge von vorgeschriebenen Aktionen bildet ein *Diagramm* oder eine *Bodenlinie*, deren Anfangspunkt mit dem Endpunkt zusammenfällt.

„Es handelt sich praktisch um eine Choreographie eines Kampfes mit fiktiven Gegnern, die den Übenden von verschiedenen Seiten angreifen."[116]

Neben den Technikpräferenzen der einzelnen „Karate-ähnlichen" Stile bilden die Bewegungsformen das herausragende Unterscheidungsmerkmal. Die Bewegungsformen waren vor der Einführung des Sportkampfes der hauptsächliche Trainingsinhalt.[117] Sie repräsentieren verschiedene Aspekte der Kampfkunst, die im folgenden behandelt werden.

a) Eine Bewegungsform ist mehr als nur eine Aneinanderreihung von Einzeltechniken. Sie ist idealerweise eine *Kunstform*. Jede Bewegungsform besitzt einen ihr eigenen Charakter. Sie darf:

„[...] niemals nur eine mechanische Demonstration von Einzeltechniken sein. Das wäre im besten Fall nur Handwerk, niemals aber Kunst, wie gutes Handwerk zwar Perfektion, Kunst aber auch Geist und Seele deutlich werden läßt. Dieser Umstand ist es nämlich, der den Betrachter einer Kunstform anspricht. Die gute Interpretation einer Kunstform (Kata) läßt durchaus eine individuelle Auffassung und Gestaltungsmöglichkeit zu, ohne daß jedoch eigenwillige und entstellende Veränderungen der festgelegten Bewegungsabläufe gestattet sind, die vielleicht sogar die beherrschenden Prinzipien unbeachtet lassen."[118]

Vom Tanz unterscheiden sich die Bewegungsformen nur durch eine andere Dynamik. Wie der Tanz sind die Bewegungsformen ein Mittel des *ästhetischen Selbstausdrucks*.

---

[116] Sebej, 1990, 202

[117] vgl. Choi, 1972, 343

[118] Nadler, 1969, 245

b) Bewegungsformen sind eine *erlebnismäßige Verbindung mit der Vergangenheit*. Sie sind:

„[...] eine bestimmte Form des Ausdrucks von Ideen."[119]

Da Bewegungsformen unverändert überliefert werden, stellen sie von ihrer Zusammensetzung und Technikpräferenz eine Art *„Grammatik" des Taekwondo* dar. Durch die feste Folge der Techniken und die Übung der Bewegungsform als geschlossene Ganzheit werden sie zu einem *Mittel der Weitergabe technischer Informationen* von einer Generation zur nächsten. Diese technischen Informationen betreffen die *traditionelle Form der Techniken*, aber auch die *Konzeption ihres Gebrauchs* wie die gebräuchlichsten Sequenzen, Ansicht über die günstigste Kopplung von Techniken untereinander und die Verbindung von Ortsbewegungen und Techniken. Die Bewegungsformen tragen durch ihre *Atemtechnik* dazu bei, die *Spannungs- und Entspannungsfähigkeit* zu schulen.

c) Die Bewegungsformen sind eine *eigenständige Methode zur Schulung der Grundtechniken*. Durch die verschiedenen Schwierigkeitsgrade, die mit steigender Graduierung des Schülers zunehmen, werden Koordination, Rhythmus, Atmung, Körperhaltung, Spannung und Entspannung und die Kraftentwicklung trainiert und verbessert. Die Ausübung der Poomse ist *unabhängig vom Alter* und stellt einen wichtigen Aspekt von Taekwondo als Life-Time-Sport dar.

d) Bewegungsformen stellen eine *Möglichkeit zur Veränderung und Vervollkommnung des eigenen Ichs* dar. Das Training der Bewegungsformen wird als ein Prozess verstanden, dessen Streben der Perfektion gilt. Diese Sichtweise impliziert ein lebenslanges Üben und Bemühen um Vervollkommnung, ohne das Ziel letztendlich erreichen zu können. Hierin ist ein Ausdruck der zenbuddhistischen Philosophie zu sehen, für die der Weg wichtiger ist als das Ziel. Die Bewegungsformen eignen sich als *Indikator für das technische Niveau* des Schülers, da neben den vielfältigen Faktoren auch der *Trainingsfleiß* mit einfließt.

---

[119] Sebej, 1990, 202

Im Rahmen dieser Arbeit kann nicht detailliert auf die einzelnen Bewegungsformen eingegangen werden, da ein solches Vorgehen vom Umfang her zu aufwendig wäre. Als *Lehr- und Lernhilfen* bieten sich die Bücher

- Kim, Man Kuem, Taekwondo-Lehrbuch, Köln, 1985
- Gil, Konstantin, Illustriertes Handbuch des Taekwondo, Niedernhausen / Ts. 1978

an, in denen den Poomse ein breiter Raum gewidmet ist.

1.11.5.1 Zur Lehrweise der Bewegungsformen

Im Erlernen einer Bewegungsform werden verschiedene Qualitätsstufen durchlaufen, die folgendermaßen zu charakterisieren sind:

„Grobform-Kenntnis und Ausführung des korrekten Ablaufs (Anfangsniveau),

Feinform-Verbesserung und Präzisierung der technischen Ausführung, Ökonomisierung von Körperhaltung und Bewegungsfluß (Standardniveau des Breitensports),

Leistungsform Entwicklung größtmöglicher technischer Präzision und Dynamik, Erarbeitung des korrekten Rhythmus, ggf. Synchronisierung als Mannschaftsübung (Wettkampfniveau)"[120]

Es ist nicht möglich, eine Bewegungsform als Gesamtheit zu lehren, da sie zu umfangreich und komplex ist. Die Vorgehensweise des Lehrers beim Unterricht der Bewegungsformen ist analytisch-synthetischer Natur. Die Bewegungsform wird in *funktionale Teileinheiten* aufgegliedert, die aus Abwehr- und Gegenangriffsteil bestehen. Die Teileinheiten bestimmen den spezifischen Rhythmus einer Poomse. Für das Erlernen der Poomse bietet es sich an, in Teilabschnitten von 4 - 6 Techniken vorzugehen, die vom Lehrer vorgemacht und vom Schüler wiederholt und geübt werden. Dieser *Teilabschnitt von vier bis sechs Techniken* ist meist symmetrisch aufgebaut, d. h., die zweite Hälfte stellt die spiegelbildliche Wiederholung der ersten dar. Wird ein neuer Teilabschnitt eingeführt, so ist dieser im Zusammenhang mit dem vorhergehenden zu üben. Durch dieses addi-

---

[120] Brockers, 1983, 146 f.

tive Vorgehen erschließt sich die Bewegungsform dem Schüler in ihrem Gesamtablauf. Der Lehrer muss dafür Sorge tragen, dass das *Bewegungsdiagramm* und die *Bedeutung der Einzeltechniken* dem Schüler klargemacht werden, da eine Bewegungsform sonst nur eine mechanische Aneinanderreihung von Einzeltechniken ist. Neben der korrekten Ausführung der Einzeltechniken ist besonderes Augenmerk auf die richtige *Blickrichtung* und die *Atmung* zu lenken. Bei Richtungsänderungen geht der Blick in die Richtung der beabsichtigten Technik voraus und wird dann erst von Wendung, Ausholbewegung und Technik gefolgt. Wenn der Gesamtablauf gefestigt ist, lassen sich die Bedingungen, unter denen eine Poomse gelaufen wird, variieren:

- Ausführung mit Kommando des Lehrers
- die Schüler laufen die Poomse mit geschlossenen Augen
- in Zeitlupe
- die Poomse wird allein vor allen anderen Schülern ausgeführt
- Ausführung mit veränderter Anfangsposition
- bei sehr gut gefestigtem Gesamtablauf stellt der Lehrer Rechenaufgaben, deren Lösung der Schüler mit lauter Stimme angibt, während er eine Poomse läuft
- Ausführung mit Störaktionen der anderen Schüler

2 Zur Systematisierung der Taktik im modernen Wettkampf-Taekwondo

2.1 Einleitung zu Teil 2

Mit der Einführung des Vollkontakt-Modus in den Wettkampf im Jahre 1973 durch die World Taekwondo Federation (WTF) wurde ein Prozess in Gang gesetzt, der zum charakteristischen Erscheinungsbild des modernen Taekwondo als einer rasanten und schnellen Zweikampfsportart mit Schutzausrüstung (Kopfschutz, Tiefschutz, Kampfweste, Unterarm- und Schienbeinschoner) führte und dessen vorläufiger Höhepunkt in der Anerkennung des Taekwondo als olympischer Sportart im Jahre 1994 zu sehen ist.

Die in diesen mehr als zwei Jahrzehnten immer stärker werdende Versportlichung zog in verschiedenen Bereichen einschneidende Veränderungen nach sich. Im Bereich der Technik kristallisierte sich eine Reduktion der Technikvielfalt der Teilgebiete des Taekwondo auf einige wenige, nach den Wettkampfregeln erfolgbringende Techniken heraus. Es zeigte sich weiterhin, dass die Form der Techniken, wie sie im Modelltraining in überlieferter, standardisierter Form geübt wurden, im Wettkampf nur bedingt brauchbar waren.

Die Folge war, dass die vergleichsweise wenigen Techniken, die im Wettkampf zum Einsatz kamen, eine Veränderung erfuhren, so dass die Gefahr besteht, dass das System der Wettkampftechniken und das der Modelltechniken immer weiter auseinanderdividiert wird. Die einschneidenste Veränderung trat jedoch in der Lehrmethodik und der Gewichtung von Trainingsinhalten auf. Während im traditionellen Taekwondo der Wettkampf nur eine Begleiterscheinung eines langjährigen beziehungsweise lebenslangen Entwicklungsprozesses war, avancierte er im modernen Taekwondo zum Zentrum aller Bemühungen. Daraus resultierte der Zwang, den Trainingsprozess zu ökonomisieren und ihn einer sportwissenschaftlichen Betrachtung zu unterziehen. In der traditionellen Trainingsmethodik wurde darauf vertraut, dass sich vor allem das komplexe Gebiet des Kampfes dem Schüler nach langem und fleißigem Üben in einer Art holistischen Begreifens erschlösse. Folgerichtig konnten sich in einem solchen System hauptsächlich kämpferische „Naturbegabungen" durchsetzen.

Das Ziel dieses Buchteils besteht darin, aufzuzeigen, wie durch eine Systematisierung von Taktik das Geschehen im Kampf transparent gemacht werden kann und Taktik damit auch jenseits von esoterischen „Meisterlehren" vermittelbar ist.

2.2 Das Sportkampfsystem (Kyorugi)

Die Ausübung des Sportkampfes im Taekwondo stellt für viele Schüler den Höhepunkt ihrer persönlichen Entwicklung im Taekwondo dar. Die Trainingspraxis eines Großteils der Vereine deutet darauf hin, dass eine Gleichsetzung der Kampfkunst Taekwondo mit dem Sportkampfsystem stattgefunden hat. Die Folgen dieser Gleichsetzung bilden den Inhalt des folgenden Kapitels. Die Komplexität des Sportkampfes, in dem technische, taktische, intellektuelle, kognitive und volitive Faktoren eine entscheidende Rolle spielen, wirft die *Frage nach seiner Lehrbarkeit* auf. Der sich anschließende Teil dieser Arbeit dient der Beantwortung dieser Frage.

2.2.1 Die Folgen der Versportlichung der Kampfkunst Taekwondo

Wie oben aufgezeigt wurde, besteht Taekwondo aus mehreren Handlungssystemen, die teilweise aufeinander aufbauen, andererseits zwar gemeinsame Wurzeln haben, aber ansonsten ein völlig unterschiedliches Anforderungsprofil in Abhängigkeit von ihrer speziellen Funktion besitzen. Ein prägnantes Beispiel bieten Selbstverteidigung und Sportkampf als Teilsysteme der Kampfkunst Taekwondo, da sich an ihnen zeigen lässt, dass der implizite Anspruch vieler Schulen und die Erwartung eines Großteils der Schüler, eine allgemeine Kampffähigkeit / Verteidigungsfähigkeit zu vermitteln bzw. vermittelt zu bekommen, nicht aufrecht erhalten werden kann. Wird Taekwondo als eine Kampfkunst mit philosophischem Überbau mit dem Ziel der Charakterbildung verstanden, so verbietet sich eine einseitige, ausschließliche Spezialisierung auf einen Teilbereich von selbst, da dann eine verzerrte Sicht der Kampfkunst unter Verlust des spezifischen Charakters des Taekwondo erfolgt. Taekwondo kann nur als Life-Time-Sportart bestehen, wenn eine einseitige Beschränkung auf das Sportkampfsystem nur als temporäre Bevorzugung für eine bestimmte Altersgruppe gesehen wird, die in den Gesamtzusammenhang der Kampfkunst Taekwondo eingebettet ist.

> „Das Ziel des Unterrichts liegt nicht in einem objektiv meßbaren Ergebnis, denn lebenslange Übungen sollen im Dienste der Daseinsbewältigung und der Reifung der betroffenen Menschen stehen."[121]

In der Kampfkunst Taekwondo ist nicht die absolute Beurteilung einer Leistung entscheidend, sondern der Weg, auf dem diese Leistung erreicht wurde. Nicht die Güte der Leistung, sondern was dafür getan wurde, die *Hingabe an die Sache* ist im Taekwondo primär wichtig. Durch die Versportlichung, d. h., im Sportkampfsystem, wird dieser individuelle Maßstab durch einen objektiven Wettkampfmaßstab ersetzt. Die Versportlichung des Taekwondo entspringt unserem westlichen Wertesystem, zentral gebündelt im

> „[...] Leistungsprinzip, welches im Sport durch die standardisierte Vergleichsmöglichkeit ermöglicht und im Wettkampf erhalten wird."[122]

Die Folgen sollen hier kurz umrissen werden: Die Änderung der Prozessorientierung (Kampfkunst als ein lebenslanger Weg) zugunsten einer Zielorientierung (Sieg im Wettkampf) führt zu folgendem Phänomen:

> „Gerade durch die Einführung eines Punkte- und Gewichtsklassensystems rückten die traditionellen Leistungselemente (z. B. meisterhafte Bewegungsbeherrschung) zugunsten zielorientiertem, abendlän-

---

[121] Brandt, 1983, 49 f.

[122] Fredersdorf, 1986, 48

dischem Leistungsdenken (nur der Sieg zählt, egal, wie er zustande-
kommt) in den Hintergrund der Budo-Disziplinen."[123]

Diese Umorientierung hat Konsequenzen, sowohl für die Technik als auch für die Trainingspraxis. Da Taekwondo als Wettkampfsport nur begrenzte Zeit betrieben werden kann, ergeben sich daraus als Folgen:

a) Zeitdruck

b) Zwang zu effektiven Trainingsmethoden

c) Ökonomisierung der Technik unter der Perspektive des Wettkampfreglements

d) Optimierung des Trainings

e) der erzieherische Auftrag wird vernachlässigt oder entfällt

„In Europa, den USA und auch den asiatischen Ländern üben viele Menschen die Kampfkünste, ohne den wahren Weg des Budo oder den des Zen zu gehen. Dabei geht die allgemeine Ansicht dahin, vorzugeben, die Prinzipien des Zen hätten nichts mit der sportlichen Praxis der Kampfkünste zu tun. Die internationale Vereinheitlichung unter der Prämisse des Wettkampfsports läßt den Budo-Geist nicht nur in der westlichen Welt, sondern auch in den asiatischen Ursprungsländern aussterben. Kaum eines dieser Länder verweigert die Teilnahme an internationalen Meisterschaften und den ‚run' auf die Medaillen. Westliche Wertmaßstäbe verdrängen zunehmend die traditionellen Gewohnheiten und geistigen Hintergründe dieser Kampfkünste."[124]

Das Ziel des Zen wie auch der Kampfkünste besteht in der menschlichen Vervollkommnung. Wird dieses Ziel zugunsten rein sportlicher Ziele aus den Augen verloren, so können als weitere Folgen Brutalisierung und Inhumanisierung eintreten. Der Verzicht auf das Lehrgespräch und die traditionelle Lehrer-Schüler-Beziehung, die auch eine regulative und moralische Vorbildfunktion beinhaltet, führt, wie leider vom Autor nur zu oft beobachtet, zu einer Verwilderung der Sitten sowohl auf Turnieren als auch im Training. Dem Lehrer fällt die verant-

---

[123] Fredersdorf, 1986, 104

[124] Brandt, 1983, 46

wortungsvolle Aufgabe zu, dieser Entwicklung mit aller Kraft entgegen zu treten und die Sichtweise der Schüler im weiter oben angegebenen Sinne zu beeinflussen.

Während die obenstehenden Ausführungen mehr allgemeiner Natur waren, präzisiert Kapkowski diese Entwicklung für das Taekwondo:

> „Die Entwicklung des Taekwondo zeigt folgende grundsätzliche Tendenz: Die Trennung zwischen der Gesamtkampfkunst Taekwondo und dem zu ihr gehörenden Teil des (Wett)-Kampfsportes Taekwondo wird immer größer. Ursprünglich war das Element des sportlichen Wettkampfes nur ein Teil der Gesamt-Kampfkunst TAEKWONDO. Die Entwicklungen der jüngsten Zeit führen jedoch immer mehr dazu, den sportlichen Wettkampf als eigenständige Disziplin betrachten zu müssen. Die Bevorzugung des sportlichen Teils des Taekwondo durch die Öffentlichkeit, die Medien und die maßgeblichen Vertreter dieser Disziplin werden höchstwahrscheinlich in absehbarer Zukunft dazu führen, daß Taekwondo allgemein mit seiner Form sportlichen Wettkampfes gleichgestellt werden wird und die ‚traditionellen' Bestandteile des Systems dagegen in den Hintergrund treten werden."[125]

Innerhalb des Sportkampfsystems der World Taekwondo Federation (WTF) besteht zur Zeit die Tendenz, Fausttechniken nicht zu werten. Die Folge ist, dass diese Techniken nicht oder nur noch gelegentlich angewandt werden. Ob dies aus sportpolitischen Gründen geschieht, nämlich, um sich von dem großen „Rivalen" Karate abzugrenzen, muss hier Spekulation bleiben. Wie Kapkowski schreibt,

> „[...] kann man dem WTF-System den Vorwurf nicht ersparen, Vorreiter einer gewissen ‚Verarmung' gewesen zu sein. Taekwondo ist [...] auf dem Wege, eine Art ‚Boxen mit den Füßen' zu werden."[126]

Aufgabe des Lehrers muss es sein, dieser Technikverarmung durch geeignete Auswahl der Trainingsinhalte Widerstand zu leisten.

In der folgenden Zusammenfassung sollen die Folgen der Versportlichung noch einmal kurz skizziert werden:

---

[125] Kapkowski a, 1988, 21

[126] Kapkowski b, 1988, 12

a) Verzicht auf bestimmte, zumeist sehr gefährliche Techniken. Durch diese Reduktion besteht die Gefahr, dass hochwirksame Techniken aus der tradierten Technikvielfalt allmählich in Vergessenheit geraten.

b) Durch Technikpräferenzen, die durch die Wettkampfregeln bestimmt werden, etablieren sich eine oder zwei dominante Kampfdistanzen, ohne das Potential voll auszuschöpfen.

c) Veränderung tradierter Techniken zu Wettkampftechniken

d) Notwendigkeit zur permanenten Veränderung von Kampfstrategien und -taktiken, da die Geheimhaltung früherer Zeiten fortfällt (beide Sportler operieren im selben bekannten System). Es entsteht ein Zwang zur Innovation, da Innovationen kurzfristig Wettbewerbsvorteile für den Erstanwender schaffen. Von daher lassen sich auch die dauernden Regeländerungen der WTF vor sportlichen Großereignissen als Innovationen interpretieren, die den koreanischen Kämpfern Wettbewerbsvorteile verschaffen, da sie schon lange nach diesen Regeln trainieren, bevor diese weltweit bekannt gegeben werden.

e) Der Wettkampf wirkt als Katalysator eines dynamischen Fortentwicklungsprozesses.

f) Der geistige Überbau verliert an Bedeutung oder ist überhaupt nicht mehr vorhanden.

g) Mögliche Brutalisierung durch alleinige Geltung des Leistungsprinzips

Bei der Versportlichung handelt es sich nach Auffassung des Autors um einen ambivalenten Prozess, der einerseits starre Strukturen und Trainingsmuster aufbricht und zu Neuentwicklungen führt, bei dem andererseits der geistige Kern, der Taekwondo als wertvolles Erziehungsmittel konstituiert, verloren gehen kann. Dem vorzubeugen, liegt in erster Linie in der Hand des Lehrers und einem verantwortungsvoll gestalteten Unterricht, der der Vielseitigkeit des Taekwondo Rechnung trägt.

2.2.2 Zur Strategie und Taktik im Taekwondo-Sportkampf

Die Situation im Modelltraining des Taekwondo ist dadurch gekennzeichnet, dass in allen zugehörigen Handlungssystemen ohne unberechenbare Störeinwirkung durch einen Gegner agiert werden kann. Wird mit Partner wie im Hanbon- oder Sanbon-Kyorugi geübt oder wird im Kyek-Pa (=Bruchtest) ein Brett zerschlagen, so sind diese Störeinflüsse und Widerstände genau festgelegt und stellen nur eine Trainingsform der Modelltechniken unter erschwerten Bedingungen dar. Eine qualitativ andersartige Situation ist im Kyorugi (Sportkampfsystem) des Taekwondo gegeben. Hierbei liegt eine Situation vor, die dadurch gekennzeichnet ist, dass sie sich aus vielen Komponenten zusammensetzt, nie einen eindeutigen Charakter hat und sich einer vollständigen Kontrollierbarkeit und Vorherplanung entzieht. Strategie und Taktik stellen aufeinander bezogene Bewältigungsmechanismen dar, mit deren Hilfe ein Kämpfer versucht, eine unkalkulierbare Situation weitgehend kontrollierbar zu machen. Strategie und Taktik gewinnen eine um so größere Bedeutung für den Sportkampf, je gleichwertiger der technische Leistungsstand zweier Kontrahenten im Sportkampf, einschließlich ihrer konditionellen Voraussetzungen, ist. Lempart zeigt die gegenseitige Abhängigkeit von Technik und Taktik auf:

> „Ein Athlet, der hohe technische Voraussetzungen mitbringt, diese jedoch im Wettkampf aufgrund mangelhafter taktischer Kenntnisse, Fertigkeiten und Fähigkeiten nicht zur Entfaltung bringen kann, wird seinen Kampf genauso verlieren wie umgekehrt ein Sportler, der taktisch gute Ansätze zeigt, vom technischen Vermögen her jedoch auf schwachem Niveau steht. Das heißt, in Wettkämpfen kann sich heute in den meisten Fällen nur noch der Sportler durchsetzen, der sowohl im technischen als auch taktischen Feld ein überragendes Niveau vorweisen kann."[127]

---

[127] Lempart, 1979, 5

Im folgenden wird eine Begriffsklärung von Strategie und Taktik vorgenommen:

> „Unter spieltheoretischem Aspekt ist eine Strategie ein Verhaltensplan, mit dem unter Beachtung der Wettkampfregeln, der möglichen Verhaltensweisen des oder der Gegner und der eigenen Stärken und Schwächen Entscheidungen für den Kampfverlauf festgelegt werden. In diesem Sinne ist Strategie ein inneres Modell über den Wettkampfverlauf."[128]

Strategische Entscheidungen werden vor dem Kampf getroffen und bewirken dadurch eine Entlastung des Kämpfers. Es ist wichtig, mehrere Strategien zur Verfügung zu haben, um bei fehlender Durchsetzungsfähigkeit einer Strategie auf Alternativen zurückgreifen zu können und für den Gegner unberechenbar zu bleiben. Während die Strategie eine generelle Leitlinie zur Kampfführung darstellt, wird mit Taktik:

> „[...] die situationsbedingte Realisierung der Strategie [bezeichnet], d.h., zur Taktik gehören alle diejenigen Aufgaben, die sich auf die optimale Durchsetzung der individuellen strategischen Kampfkonzeptionen beziehen."[129]

Die taktische Konzeption beinhaltet ebenfalls die konsequente Behebung bzw. Kaschierung eigener Schwächen und Krisenpunkte[130] und kann damit auch einen psychoregulativen Effekt haben.

> „Die Taktik bezieht sich auf den Beurteilungsvorgang in Kampfsituationen als Voraussetzung für das Festlegen und das Durchführen von sinnvollen, den Gegner täuschenden oder beeinflussenden Maßnahmen und beinhaltet das dafür notwendige Wissen und Können. Der Sinn der Taktik besteht darin, auf die eigentliche Handlung (das strategische Element) zunächst zu verzichten, um durch zusätzliche Maßnahmen notwendige Informationen für eine richtige Beurteilung der Kampfsituation zu erhalten, dem Gegner wenig bzw. falsche Informationen zu geben und günstige Ausführungsbedingungen für die resultatbringende Handlung zu schaffen!"[131]

---

[128] Barth, 1980, 43

[129] Gain, 1980, 22

[130] vgl. Hahn, 1984, 18

[131] Barth, 1980, 43

Taktik und Technik sind unterschiedliche Funktionen der Strategie.

> „Die Funktion der Taktik liegt auf der Ebene der Wahrnehmung (*Wiederspiegelung*). Die wesentliche Funktion der Technik liegt dagegen auf der Ebene der *Wechselwirkung*."[132]

Unter taktischem Aspekt unterscheidet man Handlungen erster und zweiter Absicht. Handlungen der ersten Absicht führen auch ohne Einschalten des Bewusstseins zum Erfolg. Sie bilden die Elemente, die es im Training zu automatisieren gilt. Das Ziel ist es, auf einen bestimmten auslösenden Reiz hin, eine Technik / Technikkombination mit maximaler Geschwindigkeit, Präzision und Härte auszuführen, ohne bewusste Entscheidungsprozesse vorzuschalten. Diese Handlungsautomatismen entlasten das Bewusstsein, dürfen aber nicht als Bewegungsstereotyp eingeschliffen werden, sondern als flexible Handlungsmuster für bestimmte Kampfsituationen unter leicht variierenden Bedingungen.

Handlungen der zweiten Absicht lassen sich wie folgt charakterisieren:

> „Durch meine durch das Bewußtsein gesteuerten provokativen Bewegungen löse ich automatisierte Bewegungen beim Gegner aus, die ich schon vorher beobachtet hatte, so daß ich vorgebahnt und deshalb schneller und rechtzeitig reagieren und dadurch meinen Treffer setzen kann."[133]

Nach der Art des taktischen Vorgehens mit steigendem Komplexitätsgrad lassen sich folgende Varianten unterscheiden:

a) Es findet nur *ein* taktisches Modell Anwendung. Der Kämpfer versucht, unabhängig vom Gegner und der Situation, seinen Handlungsplan ohne Alternativen durchzusetzen. Diese Variante ist vor allem in den traditionellen Nullkontakt-Stilen anzutreffen.

b) Der Kämpfer hat zwei bis vier Varianten für die Lösung einer taktischen Aufgabe bereit. Diese Möglichkeit bietet größere Anpassungsfähigkeit für eine adäquate Bewältigung der taktischen Situation.

---

[132] Tiwald, 1981, 83

[133] Iranyi a, 1973, 115

c) Die Situation und der Gegner bestimmen vollständig die Kampfhandlungen. Günstige, auf den speziellen Kämpfer abgestimmte Situationskonstellationen, müssen nicht abgewartet werden, sondern idealerweise kann eine Vielzahl von Situationen ausgenutzt werden und / oder der Kämpfer selbst führt solche Konstellationen herbei.

2.2.3 Theoretisches Modell der Kampfhandlung im Taekwondo

Unter einer Kampfhandlung wird eine :

> „[...] Verbindung verschiedener psychischer und motorischer Prozesse verstanden, die zur Lösung einer situativen Kampfaufgabe nötig sind, und nicht die kleinste Operation in der Kampftätigkeit, die auch eine einzelne Bewegung, also ein rein motorischer Prozeß sein kann."[134]

2.2.3.1 Unterscheidung zwischen Vorbereitungshandlungen und „echten" Handlungen

Czajkowski unterteilt die Gesamtheit aller Kampfhandlungen in zwei Kategorien:

a) *Vorbereitungshandlungen* (Steppen, Stören, Finten u.a.), die die Erleichterung bzw. Ermöglichung der

b) sogenannten *„echten" Handlungen* bezwecken, die als strategische Elemente zur Erlangung von Treffern oder Vereitelung von gegnerischen Treffern dienen[135]

---

[134] Barth, 1979, 47

[135] vgl. Czajkowski, 1982, 59

Die Notwendigkeit von Vorbereitungshandlungen ergibt sich aus der Tatsache, dass direkte Angriffe bei versierten Gegnern aufgrund der Deckung und der Kampferfahrung zumeist wirkungslos sind. Hinzu kommt, dass der eigene direkte Angriff wegen seiner Offensichtlichkeit Blößen schafft, die ein erfahrener Gegner zum Kontern ausnutzen kann. Während in traditionellen, statischen Stilen bei überlegener Antrittsgeschwindigkeit die Angriffe bei unbeweglicher Kampfweise des Gegners ihr Ziel finden, ist dies bei der Kampfführung des modernen Taekwondo, deren charakteristisches Merkmal darin besteht, immer in Bewegung zu bleiben, fraglich. Die Zahl der im Sportkampf verfügbaren echten Handlungen bzw. der punktrelevanten Techniken ist begrenzt. Um so mehr gewinnt die Variabilität und der Einfallsreichtum der Vorbereitungshandlungen an Bedeutung. Vorbereitungshandlungen haben folgende Ziele:

- „Einschätzung des Gegners und Orientierung in tatsächlichen und vorgestellten Gefechtssituationen
- Verschleierung der eigenen Absichten
- Täuschen des Gegners
- geschicktes Lenken der gegnerischen Kampfweise
- Manövrieren, Raumgewinn, Initiative und Vorbereitung eigener Attacken
- Stören der Konzentration des Gegners und seiner Distanzschätzung."[136]

Die *taktische Bedeutung der Vorbereitungshandlungen* besteht darin, dass sie als *sondierende Aktionen* eine Beantwortung der folgenden Fragen erlauben:

- Wie sind Stärke und Kampfstil des Gegners einzuschätzen?
- In welchen Situationen greift der Gegner am häufigsten an?
- Welche Techniken bevorzugt er in Angriff und Gegenangriff?
- Wie ist sein Deckungs- und Abwehrverhalten?
- Wie reagiert er auf eigene unterschiedliche Aktionen?

---

[136] Czajkowski, 1982, 59

- Wie ist sein Konzentrations- / Aufmerksamkeitszustand?
- Welche Anzeichen kündigen seinen bevorstehenden Angriff an? (Augenzwinkern, Ausholbewegungen, Veränderung des Atmens u.a. sogenanntes „Telefonieren")

Neben dieser Orientierungsfunktion der Vorbereitungshandlungen dienen sie zur Schaffung günstiger Situationsparameter für die punktrelevante, „echte" Kampfhandlung. Betrachtet man die Trainingsformen des Taekwondo, so ergibt sich ein Überwiegen der reinen Technikschulung unter Vernachlässigung der Schulung technisch-taktischer Handlungen unter dem Aspekt der Unterscheidung in Vorbereitungshandlungen und punktrelevante Handlungen. Beide Kategorien der Kampfhandlungen müssen als gleichwertig betrachtet werden, und daher:

> „[...] sollte sich das Training nicht nur auf das Üben und Optimieren ‚echter' Handlungen beschränken, sondern auch Sondierungs- und andere Vorbereitungshandlungen umfassen."[137]

Für die Schulungspraxis besteht bei der Übung von Vorbereitungshandlungen die Notwendigkeit:

> „[...] daß der Trainingspartner ganz bewußt als der sich ‚ausforschen-manövrieren-täuschen lassende Gegner' agiert und die ihm angewiesene Verhaltensweise zeigt."[138]

2.2.4 Die Struktur der Kampfhandlung

In Anlehnung an Mahlo (1965) ergibt sich eine dreigeteilte Phasenstruktur der Kampfhandlung

a) Wahrnehmung und Analyse der Kampfsituation
b) Gedankliche Lösung der Kampfaufgabe

---

[137] Czajkowski, 1982, 60

[138] Barth/Kirchgässner, 1982, 677

c) Motorische Lösung der Kampfaufgabe

Das Ergebnis dieser drei Phasen erfährt eine Rückkopplung über die Informationsaufbereitung (Afferenzsynthese) und deren Wechselwirkung mit dem motorischen Gedächtnis. Die Beschaffenheit und Wissensstruktur des motorischen Gedächtnisses wiederum bestimmt die Wahrnehmung und Analyse der Kampfsituation,[139] so dass ein Regelkreis vorliegt.

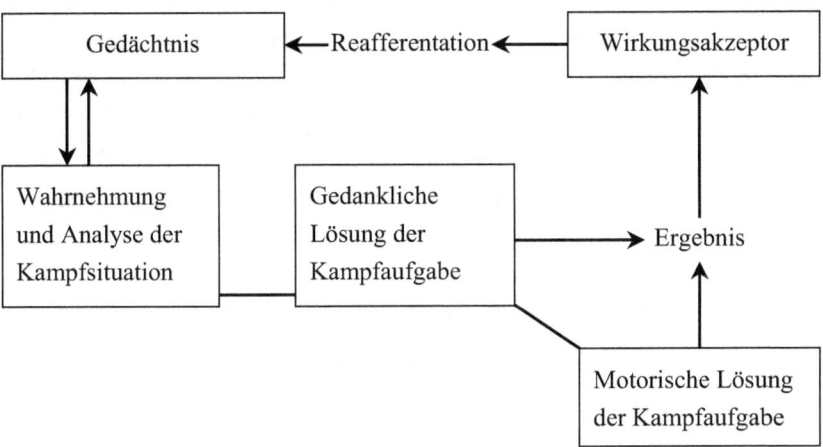

Phasenstruktur der Kampfhandlung (vereinfacht nach Mahlo)[140]

2.2.4.1 Wahrnehmung und Analyse der Kampfsituation

Taekwondo gehört zur Gruppe der komplexen, resultatorientierten Sportarten. Neben dem Training von Technik und Kondition ist eine

a) Verbesserung der Situationswahrnehmung und

---

[139] vgl. Meinel, 1987, 59 / Gain, 1980, 31
[140] Gain, 1980, 31

b) die „[...] Entwicklung der Fähigkeit zur ‚Sofortkonzeption' einer der jeweils konkreten und einmaligen Situation angepaßten ‚Technik'[...]"[141]

anzustreben.

Mit dem *Begriff „Kampfsituation"* sollen die:

„[...] konkreten Beziehungen der Zweikampfsportler zueinander [verstanden werden], einschließlich der Entscheidungsmöglichkeiten zur Führung der Auseinandersetzung in einer Kampfphase. Sie ist von den Wettkampfregeln, von der Gesamtheit der in dieser Situation zugänglichen nützlichen Informationen und den individuellen Leistungsvoraussetzungen beider Sportler abhängig."[142]

Die *Merkmale von Kampfsituationen* lassen sich durch folgende Punkte erfassen:[143]

a) Position der Kämpfer innerhalb der Kampffläche

(„Ist die Manövrierfähigkeit eingeschränkt /unbeschränkt!")

b) Einhaltung der Wettkampfregeln („Sind verbotene Handlungen vorgekommen /Wertungen erzielt, abgegeben worden u. a.")

c) Auffällige Körperpositionen des Gegners

Hierzu zählt die Art der Kampfstellung, Beachtung von Schulter- und Beckenachse, um erkennen zu können, ob ein ernsthafter Angriff bevorsteht oder nur eine Täuschaktion

d) Distanz beider Kämpfer

e) Besonderheiten der gegnerischen Kampfesweise / individuelle Besonderheiten wie z. B. überlange Beine o. ä.

f) Kennzeichnung durch bestimmte „Knotenpunkte" des Kampfverlaufs wie typische Manöver, Vorbereitungen u. a.

---

[141] Tiwald, 1981, 7

[142] Kirchgässner, 1984, 386

[143] vgl. Kirchgässner, 1986, 116

Die Erfassung der Kampfsituation erfordert ein ganz bestimmtes Aufmerksamkeitsverhalten. Unter *Aufmerksamkeit* wird:

> „[...] die Fähigkeit eines Organismus verstanden, unter den Informationen, die ihm durch Sinne und Erinnerung verfügbar sind, willkürlich diejenigen auszuwählen, die bewußt verarbeitet werden sollen."[144]

Die *Gefahr der Wahrnehmungsverfälschung* kommt durch Faktoren wie Meinungen, Bewertungen, Wunschdenken, Ängste und Phantasien zustande.

Die Bedingungen der Wahrnehmungsfähigkeit hängen ab von[145]

a) der *Wissensstruktur des Wahrnehmenden*, wobei man Grundlagenwissen wie Techniken, Regeln von Anwendungswissen, das strategisch-taktische Wissen und Gedächtnisinformationen früherer Lösungen umfasst, unterscheidet. Je umfangreicher dieses Wissen ist, umso eher ist auch die Fähigkeit zur Antizipation vorhandener, d. h. zur gedanklichen Vorwegnahme gegnerischer Handlungen

b) der *aktuellen psychophysischen Befindlichkeit*

Hierunter versteht man die Motivationslage, den Grad der Aktiviertheit, die Aufmerksamkeitslage und emotionale Beteiligung. Nach der Yerkes-Dodson-Regel ist eine optimale Aufmerksamkeit bei nur mittlerer innerer Anspannung gegeben.[146] Die Fähigkeit zur Unterdrückung von Übererregungszuständen vor dem Kampf wirkt damit auch fördernd auf die Wahrnehmung.

c) *Umweltbedingungen*

Für den Bereich des Taekwondo sind hier zu nennen: Boden-, Lichtverhältnisse, (für Turniere) tobendes Publikum, Möglichkeit der eigenen Wahrnehmungserweiterung durch den Trainer in Form von Signalen, Zurufen u.a.

---

[144] Völp, 1987, 19

[145] vgl. Sonnenschein, 1989, 21 / Barth, 1980, 199 f.

[146] vgl. Völp, 1987, 22

Die Wahrnehmung besteht aus zwei Teilprozessen:

a) *Selektion (Auswahlprozess)* von kampfrelevanten Informationen aus der Fülle von Situationsinformationen. Je nach Leistungsstand erfolgt die Zusammenfassung von Informationen zu Informationskomplexen, die eine schnellere Analyse der Situation ermöglichen. Charakteristische Informationskomplexe, die gehäuft in Kampfsituationen auftreten, geben durch ihre Zusammensetzung Anlass zu gezielten Suchstrategien, wenn nur ein Teilbereich erkannt wird.

b) *Kodierung (Bedeutungszuschreibungsprozess)*

Die Bedeutungszuschreibung der Informationen ist um so differenzierter, je größer das Vorwissen des Kämpfers ist. Besondere Wichtigkeit kommt der Kodierung bei der Unterscheidung Täuschungshandlung - echte Handlung des Gegners zu.

2.2.4.1.1 *Zum Blickverhalten im Taekwondo*

Im Zen-Buddhismus mit seiner Tendenz zur Durchbrechung der Rationalität und Betonung der Intuition werden verbale Erklärungen gering geschätzt. Die Unterrichtsmethoden, die auf einer solchen Einstellung beruhen, verzichten nahezu völlig auf verbale Mittel. Die bevorzugte Methode in den Kampfkünsten war traditionsgemäß das Vormachen durch den Lehrer mit Nachvollziehen durch den Schüler. Dadurch kam dem optischen Analysator zentrale Bedeutung zu, d.h., dass Schüler, die mit einer guten Beobachtungsgabe ausgestattet waren, sich im Vorteil befanden.[147]

Unter *philosophischem Aspekt*:

> „[...] spielt das ‚Sehen' die wichtigste Rolle in der buddhistischen Lehre vom Wissen, denn Sehen bildet die Grundlage des Wissens. Wissen ist ohne Sehen unmöglich. Alles Wissen hat im Sehen seinen Ursprung. Wissen und Sehen sind in Buddhas Lehre daher im allge-

---

[147] vgl. Meinel, 1987

meinen eins. Buddhistische Philosophie zielt letzten Endes darauf, die Wirklichkeit zu sehen, wie sie ist."[148]

Zur Kritik dieser Sichtweise ist anzumerken, dass Sehen ohne ein Bewertungs- bzw. Beurteilungsschema weitgehend wertlos ist, da die Informationsflut nicht strukturiert werden kann („Ohne eine Vorstellung von dem, was ich suche, weiß ich auch nicht, worauf ich meine Aufmerksamkeit lenken soll!")

Das *Gesichtsfeld des Kämpfers* ist physiologisch festgelegt als:

> „Der Bereich, den das Auge ohne Augenbewegungen überschauen kann, umfaßt ca. 47° nach oben, 65° nach unten, 60° zur äußeren Seite und 110° zur inneren Seite hin. [...] Durch Kopfbewegungen und Ganzkörperbewegungen kann es erweitert werden."[149]

In den asiatischen Kampfkünsten wird versucht, das Blickverhalten durch zwei Vorgehensweisen zu optimieren

a)   Blick auf einen Fixationspunkt bzw. eine Fixationsfläche

b)   Unterdrückung des Lidschlussreflexes (sogenanntes Tigerauge)

ad a)

Nakayama schreibt dazu:

> „Man sollte die Augen auf eine aus den Augen und beiden Schultern gebildete Fläche konzentrieren, wodurch man die nächste Aktion des Gegners im voraus erkennen kann.
>
> Die Augen sollten bei Einnahme einer Stellung oder Ausführung einer Technik nie gesenkt werden. „[150]

Weiterhin führt er aus, dass:

> „[...] das Schließen der Augen bei Ausführung einer Technik ein unverzeihlicher Fehler ist, da man die Geschwindigkeit des Gegners oder Änderungen in seiner Bewegung nicht wahrnimmt."[151]

---

[148] Suzuki, 1971, 50

[149] Oehsen, 1984, 25

[150] Nakayama, 1980, 91

Dieser Blick auf einen Fixationspunkt soll kein scharfes Fixieren des Gegners sein, sondern mehr ein *diffuses Sehen durch den Gegner hindurch*, um Bewegungen in der Peripherie besser wahrnehmen zu können.

Für dieses Blickverhalten spricht, dass:

„[...] ein schnelles Absuchen des Wahrnehmungsfeldes (scanning) durch Blicksprünge möglicherweise, weil zu zeitaufwendig, der Orientierung über die Absichten des Gegners eher hinderlich sein [könnte]."[152]

Der Blick auf einen Fixationspunkt soll beim Kämpfen relativ lange aufrechterhalten werden, weil während einer sakkadischen Bewegung (Wanderung des Auges von einem Fixationspunkt zum anderen) wahrscheinlich nichts oder nur wenig wahrgenommen wird.[153]

In einer Kampfsituation hat das Auge die Aufgabe, entscheidungsrelevante Informationen zu suchen. In solch einer Situation ist die *Orientierungsstrategie* des Kämpfers von entscheidender Bedeutung. Eine detailorientierte Strategie ist für den Kampf untauglich, da sie es dem Gegner ermöglicht, den Kämpfer mit

---

[151] Nakayama, 1980, 91

[152] Haase / Mayer, 1978, 192

[153] vgl. Vossius, 1960, 27).

Reizen zu „überfüttern", d. h., er wird anfällig für Täuschungsmanöver. Haase / Mayer haben in einer Untersuchung zur optischen Orientierungsstrategie beim Fechten festgestellt, dass:

> „Leistungsfechter [...] zu einer Zentralisierung ihres Blickverhaltens bei vergleichsweise langer Einhaltung der einmal gewählten Blickrichtung (Fixationsdauer) [neigen]. Reizen, die aus der Peripherie einkommen, wendet man nicht in jedem Fall den Blick zu."[154]

Da Bewegungen aus der Peripherie nicht primär bedrohlich sind, ist ein solches Blickverhalten ökonomisch und fungiert außerdem als eine Art *„Frühwarnsystem"*, da: „[...] bewegte Reize in der Gesichtsfeldperipherie auffälliger als im Bereich der Fovea centralis [sind]."[155]

Um aber Reize aus der Peripherie richtig interpretieren zu können, ist Bewegungs- und Kampferfahrung erforderlich, um eine Zuordnung der peripheren Signale zu entsprechenden Aktionen des Gegners vornehmen zu können:

> „Die Fähigkeit, peripher wahrzunehmen, ist altersabhängig..., erfahrungsabhängig und trainierbar."[156]

Das beschriebene Blickverhalten soll auch schon im Anfängerunterricht ausgeführt werden. Zu Beginn bedeutet es eine Informationseinschränkung, die aber durch andersartige Strukturierung der Informationssysteme ausgeglichen wird.[157]

ad b)

Für die Zeit des Lidschlusses ist die Möglichkeit, Informationen über den optischen Analysator zu erhalten, aufgehoben.

> „Mit den Augen zu zwinkern ist eine natürliche Reaktion, wenn sich ein Gegenstand schnell auf die Augen zubewegt. Beim Sparring oder Kampf muß diese Reaktion jedoch unter Kontrolle gebracht werden, da sonst Verteidigung und Gegenaktionen beeinträchtigt werden.

---

[154] Haase / Mayer , 1978, 196

[155] Schmidt / Thews, 1980, 297

[156] Ritzdorf, 1982, 33

[157] vgl. Ehrhardt, 1982, 916

Wenn die Augen kurzzeitig geschlossen werden, kann man für einen Konter nicht schnell genug reagieren, da man beim Wiederöffnen nicht die genaue Position des Gegners kennt. Außerdem kann diese schlechte Angewohnheit von einem Gegner ausgenutzt werden, indem er zur Vorbereitung Angriffe vortäuscht. Er kann einen Schlag vortäuschen und, während man mit den Augen zwinkert, den richtigen Schlag einleiten, solange die Augen geschlossen sind."[158]

Zur bewussten Unterdrückung des Lidschlusses gibt es im Muay-Thai (Thai-Boxen) eine:

„[...] traditionelle Trainingsmethode, deren Ziel das Vermeiden des Zwinkerns während eines Kampfes ist: Der Boxer geht bis zur Taille ins Wasser und beugt sich über den Wasserspiegel nieder. Während er mit seinen Handflächen aufs Wasser patscht, ist er bemüht, nicht zu zwinkern. Diese Übung bringt hervorragende Ergebnisse."[159]

2.2.4.1.2 Die Schulung der Wahrnehmungs- und Analysefähigkeit

Im ersten Schritt der Schulung der Wahrnehmungs- und Analysefähigkeit wird die bestehende Wahrnehmungsleistung des Schülers ermittelt. Dabei erfolgt die Aufdeckung von Kenntnislücken, Selektions- und Kodierungsfehlern, aber auch von technischen und konditionellen Mängeln.

Mittel dazu sind:

- Arbeit an der Pratze
- leichtes Sparring mit Vorgaben
- diagnostisches Gespräch

In einem zweiten Schritt werden die aufgetretenen Lücken gefüllt durch:

- Vermittlung technisch-taktischen Wissens
- observatives Training

---

[158] Lee, 1980, 48

[159] Rebac, 1985, 51

- praktisches Training, bei dem eindeutige Standardsituationen vorgegeben werden, auf die der Schüler in kürzest möglicher Zeit reagieren soll. Diese Standardsituationen werden mit steigendem Niveau des Schülers komplexer gestaltet, indem der Schüler mehrere Alternativen zur Auswahl hat oder durch Einbau maskierender und täuschender Elemente.

- *Verbalisierung durch den Schüler.* Die Besonderheiten des verbalen Informationssystems[160] führen dazu, dass dem Schüler die durch die verschiedenen Analysatoren (optisch, akustisch, kinästhetisch, staticovestibulär als primär wichtige Analysatoren für das Taekwondo) übermittelten Reize bewusst werden und damit die Speicherung im motorischen Gedächtnis gefördert wird. Für den Lehrer ergibt sich die Möglichkeit der gezielten Aufdeckung der Lücken und des Aufbaus gemeinsamer verbaler Kodierungen.[161]

2.2.4.1.3 Übungen zur Wahrnehmung und Situationsanalyse

- Der Schüler schließt die Augen, der Pratzenhalter markiert eine Trefferfläche. Auf ein akustisches Kommando hin öffnet der Schüler die Augen und bringt *umgehend* eine adäquate Technik an.

- Der Pratzenhalter positioniert die Pratze, der Schüler schließt die Augen und führt die Technik ohne Zuhilfenahme des optischen Analysators aus. Als Steigerung kann die Distanz so groß gewählt werden, dass sie mit Stepps überbrückt werden muss.

- Zur Schulung des peripheren Sehens blickt der Schüler geradeaus. Sein Partner, der seitlich von ihm steht, vollführt kleinräumige Bewegungen (Fußspitze anheben, Finger bewegen u.a.), die der Schüler ohne Änderung seiner Blickrichtung beschreiben muss.[162]

---

[160] vgl. Meinel, 1987, 70
[161] vgl. Sonnenschein, 1989, 23
[162] vgl. Wichmann, 1988, 65

- Der Pratzenhalter hält die Pratze verdeckt und positioniert sie schlagartig in einer bestimmten Stellung. Gefördert werden direkte Zuordnung von Pratzenhaltung und entsprechender Technik. Eine Steigerung dieser Übung ist durch Einbeziehung kampfgemäßer Stepps und Täuschungen möglich.
- Simulation von Standardsituationen durch den Pratzenhalter. Er greift an und markiert die Trefferfläche für die Kontertechnik mit der Pratze am eigenen Körper.

Durch diese Variationen wird die:

> „Zunehmende Automatisierung der auszubildenden Kampfhandlung über den Aufbau von Handlungsprogrammen oder Aktionsmustern [angestrebt], die bei Signalerkennung abgerufen werden können. Kampfhandlungen, die [...] auf ein ‚Schlüsselsignal' hin automatisch (nicht bewußtseinspflichtig) ablaufen (Verbindung von Situationsafferenzen und motorische Lösungen), sind relativ störunanfällig und schnell. Ein solcher Ausprägungsgrad der Handlungsregulation kann jedoch nur über den bewußten, systematischen Aufbau von Handlungsprogrammen, vorrangig im Kampfsituationstraining, erreicht werden."[163]

- Ein Schüler steht in Kampfstellung. Um ihn herum stehen im Halbkeis drei bis sechs „Angreifer" mit Medizinbällen im Abstand von 4 m. Der Schüler fixiert die ihm gegenüberstehende Person, ohne die Kopfhaltung zu verändern. Die „Angreifer" versuchen nun, mit ihren Medizinbällen den Oberkörper des Schülers zu treffen. Dieser muss versuchen, die Bälle abzuwehren, ohne den Kopf zu drehen.[164]
- Zielgerichtete Kenntnisvermittlung durch den Lehrer durch Situationsbestimmung, Kennzeichnung der Situationsmerkmale und der Verhaltensregeln und -varianten. Als Mittel können Skizzen, Videos und eigene Darstellung der Kampfsituation benutzt werden.

---

[163] Kirchgässner / Bastian, 1984, 94

[164] vgl. Kulot, 1986, 28

Diese Art der Wissensvermittlung:

> „[...] beeinflußt positiv die Qualität des inneren Modells der Handlungsausführung und damit die Eigenständigkeit der Handlungsregulation."[165]

2.2.4.2 Die gedankliche Lösung der Kampfaufgabe

Nach der Wahrnehmung und Analyse der Kampfsituation muss in einer zweiten Phase die taktische Aufgabe gedanklich gelöst werden. Limitierender Faktor ist die *begrenzte Zeit*, da sich im Taekwondo-Kampf die Situationen fortlaufend verändern und taktisch ausnutzbare Momente nur für sehr kurze Zeit zur Verfügung stehen. Ein weiterer Punkt betrifft die *aktuellen technischen und taktischen Kenntnisse, Fertigkeiten und Fähigkeiten des Schülers*.

> „Bei der gedanklichen Lösung der taktischen Aufgabe ist es notwendig, sowohl das gegnerische als auch das eigene Können zu berücksichtigen, deshalb darf der Sportler nur solche gedanklichen Lösungen treffen, die er auch motorisch zu lösen vermag."[166]

Weineck schreibt dazu:

> „Realisierbar aber ist ein taktisches Konzept nur auf dem Boden einer ihm entsprechenden technischen Grundlage, korrespondierenden konditionellen Voraussetzungen und angemessenen volitiven und intellektuellen Fähigkeiten."[167]

Voraussetzungen für eine gedankliche Lösung sind die Kenntnisse der *Wettkampfregeln* als normativer Rahmen, sowie Kenntnisse über *Lösungsmöglichkeiten in speziellen Situationen* und über die *Schaffung aussichtsreicher Situationen*. Der Handlungsplan bzw. die alternativen Handlungspläne zur Lösung einer Kampfaufgabe müssen folgende Fragen beantworten:

a) „Wie schafft man eine optimale Distanz zur Ausführung der Technik / Technikkombination /Technikserie?" (-Distanzregulation I)

---

[165] Kirchgässner / Bastian, 1984, 95

[166] Harre, 1979, 221

[167] Weineck, 1986, 256

b) „Welche Technik / -Kombination / -serie wird als motorische Lösung der Kampfaufgabe eingesetzt?" (Kyorugi-Technik)

c) „Wie sichert man die erfolgte Kampfaktion?" (-Distanzregulation II)

Ein weiteres Problem ist die Wahl des richtigen Zeitpunkts, da der Taekwondo-Sportkampf durch sich ständig ändernde Konfliktbedingungen und Situationen gekennzeichnet ist. Bei der *Entscheidung für einen bestimmten Handlungsplan* spielt deshalb die *Antizipation* als „Gedankliche Vorausnahme eines Handlungsablaufes (Programmvorausnahme) und seines Ergebnisses (Resultatsvorausnahme)"[168] eine entscheidende Rolle. Antizipiert werden müssen eigene als auch fremde Bewegungen, Situationen und taktische Handlungen. Dieser komplexe Vorgang mündet in die Bereitstellung potentieller Handlungsalternativen. Als Flussdiagramm lässt sich dieser Vorgang in folgender Weise unter Einbeziehung der motorischen Realisierung vereinfacht darstellen:[169]

---

[168] Jonath, 1988, 20

[169] Flussdiagramm der vom Kämpfer zu vollziehenden Schritte vor, während und nach einer Kampfaktion aus: Hagedorn, 1987, 145.

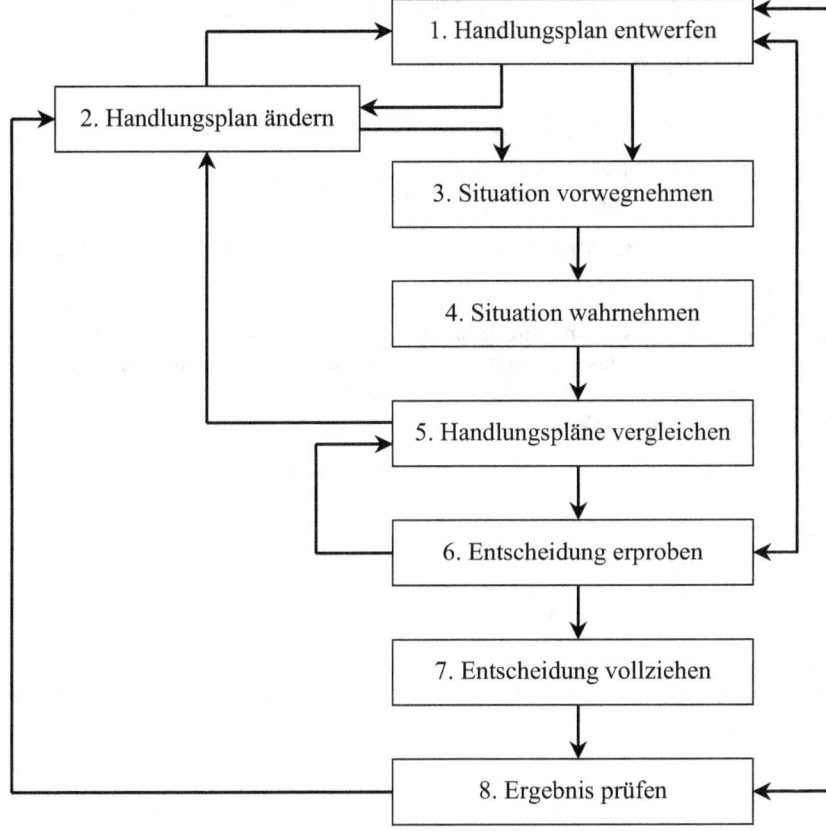

2.2.4.3 Die motorische Lösung der Kampfaufgabe

Die beiden vorher beschriebenen Phasen der Kampfhandlung dienen zur Entscheidungsfindung für eine spezifische Situationenkonstellation. Ist diese Entscheidung - unter Zeitdruck - getroffen, so erfolgt die motorische Realisierung der angemessenen Lösung der Kampfaufgabe. In den weiter unten stehenden Kapiteln werden die technischen Mittel beschrieben, die zur Erzielung von Treffern und Vermeidung gegnerischer Treffer zur Verfügung stehen.

2.3 Die Kampfstellung als Ausgangspunkt jeder Kampfaktion

Unter einer Kampfstellung im Taekwondo versteht man einen

„[...] aufgerichteten Körperstand, der es ermöglicht, geeignet zu steppen, zu kicken und den Kampf zu führen."[170]

Diese allgemeine Begriffsbestimmung wird dadurch ergänzt, dass die Kampfstellung geeignet sein sollte,

„[...] jederzeit effektiv anzugreifen oder sich zu verteidigen, die eigenen Techniken unverzüglich einzusetzen. Aus ihr heraus muß es möglich sein, den Gegner ungehindert beobachten und intuitiv seine Absichten erkennen zu können."[171]

„Die Kampfstellung sollte immer folgende Kriterien erfüllen:

- Standsicherheit
- Beweglichkeit in alle Richtungen
- Optimale Deckung"[172]

Für die Kampfstellung im Taekwondo ergeben sich aus diesen Forderungen folgende Konsequenzen:

- Der Körperschwerpunkt muss sich in jeder Phase idealerweise *genau zwischen den Füßen* befinden, um einen *ansatzlosen* (d. h. ohne Initialbewegung wie Gleichgewichtsverlagerung oder Vorbereitungsstepp) Angriff zu ermöglichen, der sowohl mit dem *vorderen* Arm / Bein als auch mit dem hinteren Arm / Beine ausgeführt werden können muss.

- Die Körperhaltung muss betont locker sein, einerseits aus Gründen der Ökonomie, um eine vorzeitige Ermüdung zu vermeiden, andererseits, um

---

[170] Ko, 1980, 40

[171] Park, 1984, 43

[172] Lemmens, 1986, 32

in eine Bewegung hinein „explodieren" zu können, was aus einer angespannten Haltung unmöglich ist.

- Von der Seite aus gesehen beträgt die Entfernung der Füße ungefähr eine Schrittlänge, von vorne eine Schulterbreite. Der Lehrer muss bei der Einführung der Kampfstellung unbedingt die individuelle Konstitution der Schüler berücksichtigen!

Die technische Lösung der vorangestellten Postulate sieht folgendermaßen aus:

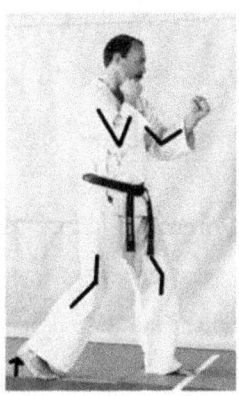

- Kopf wird locker und beweglich gehalten
- Schultern sind entspannt
- Ellbogen liegen locker auf der Höhe der kurzen Rippen, keine „Hähnchenflügelhaltung" (Arme abgespreizt vom Körper)
- Fäuste werden leicht geschlossen und senkrecht oder mit dem Handrücken leicht nach oben gedreht gehalten, der Winkel zwischen Oberarm und Unterarm beträgt beim hinteren Arm ca. 30 - 45 ° (Faust liegt in der Nähe des Kiefers), beim vorderen Arm ca. 90°

- Schwerpunkt ist abgesenkt und wird in leichter rhythmischer Bewegung gehalten
- Knie sind leicht gebeugt und in leichter Auf- und Ab-Bewegung
- Bodenkontakt fast nur mit den Fußballen, hintere Ferse ist angehoben und steht in einer Ebene mit den Zehen. Die Füße stehen *parallel* oder sogar leicht nach *innen gedreht*, um eine bessere Abfederung zu erreichen. Der Sinn dieser Haltung besteht darin, eine Art Abfederung gegen Schlagwirkung zu erreichen und darüber hinaus ist eine explosive Distanzverkürzung aus dieser Haltung leicht zu bewerkstelligen.

2.3.1 Zur Trainingspraxis der Kampfstellung

- Schüler stehen schulterbreit und beugen die Arme locker im Ellbogengelenk
- Schritt vorwärts mit Korrektur der Armhaltung durch den Lehrer
- sowohl Links- als auch Rechtsauslage üben lassen
- schnelles Einnehmen der Kampfstellung auf Kommando
- explosiver Wechsel zwischen Links- und Rechtsauslage (siehe auch bei Stepps)
- frühzeitige Verbindung von Kampfstellung mit Stepptechniken ist anzustreben!

2.3.2 Deckungsverhalten aus der Kampfstellung

Es gibt zwei grundsätzliche Konzepte, um Angriffen des Gegners zu begegnen:

a) Abwehren, die die angreifende Extremität in ihrer Bewegungsbahn treffen und am Zielpunkt vorbeileiten, so dass der Körper des Verteidigers nicht getroffen wird.

b) Deckungen mit Teilen des Körpers, die zwischen die angreifende Extremität des Gegners und die Zielpunkte am eigenen Körper platziert werden.

Während Abwehren angriffsspezifisch sind, existiert diese Festlegung für Deckungen nicht. Primär sollte immer versucht werden, durch geeignetes Bewegungsverhalten den Angriffen des Gegners auszuweichen. Die Deckung dient als zusätzlicher Schutz. Auf keinen Fall soll eine aktive Bewegung der Deckungsextremitäten in Richtung des Angriffs erfolgen. Deckungsverhalten ist im Gegensatz zu den Abwehren *passives Verhalten*! Da Deckungen so ausgeführt werden, dass eine größtmögliche Trefferfläche am eigenen Körper geschützt wird, eignen sie sich für den Taekwondo-Sportkampf besser als Abwehren, da diese zu sehr täuschungsanfällig und zu langsam für die Neutralisierung von Kombinationen und Serien sind.

ba) *Einarmige Deckungen*:

Deckungsbewegungen werden nach Möglichkeit mit Ausweichbewegungen kombiniert.

- *Deckung der Mittelstufe /Unterstufe*
    - mit dem vorderen Arm
    - mit dem hinteren Arm

Diese Deckungshaltung ähnelt dem grundschulmäßigen Arae-Makki (Abwehr nach unten), aber während dieser mit Kraftaufwand und mit Trefferwirkung an der angreifenden Extremität durchgeführt wird, ist jene nur eine Schutzhaltung, die ein Durchkommen des Angriffs verhindert.

- Deckung der Oberstufe

Bei der Deckung des Kopfes kann auch mit geöffneter Hand agiert werden, um die Deckungsfläche zu vergrößern. Die Deckungshand steht auf der Höhe des Gehörganges, da es sonst für den Gegner möglich ist, durch geeignete Angriffswinkel um die Deckung herum das Ziel zu treffen. Bei Deckungsbewegungen, die nach unten ausgeführt werden, sollte die Faust geschlossen gehalten werden, um Verletzungen der Finger zu vermeiden.

bb) *Beidarmige Deckungen*

- Die Doppeldeckungen

Durch die Doppeldeckungen wird man in die Lage versetzt, sowohl den Rumpf als auch den Kopfbereich gleichzeitig zu schützen. Das ist vor allem wichtig gegen Gegner, die mit schnellen Doppeltritten mit demselben Bein angreifen, da eine Identifizierung des Hauptangriffs meist nicht eindeutig erfolgen kann.

Die Deckungen bilden einen geschlossenen Schutzschild an der angegriffenen Körperseite.

- Deckung gegen Faustangriffe

Die Unterarme werden vor dem Körper zusammengebracht und schützen den Rumpfbereich vor Fauststößen.

2.3.3 Zur Trainingspraxis des Deckungsverhaltens

- Partnerübung mit verteilten, abgesprochenen Rollen. Ein Partner greift mit vorgeschriebenen Techniken an. Der andere Partner steht in der Kampfstellung und kombiniert das adäquate Deckungsverhalten mit *minimalem* Ausweichen
- Freies Bewegen mit verteilten Rollen. Ein Partner greift beliebig an, der andere schützt die angegriffenen Körperstellen durch die entsprechende Deckung
- Dasselbe, aber mit direkt anschließendem Konter

2.4 Zur Theorie der Distanzregulation I (Angriffsvorbereitung)

Lee versteht unter Distanz

„[...] eine sich ständig ändernde Beziehung, die von Schnelligkeit, Beweglichkeit und Kontrolle beider Kämpfer abhängt. Sie besteht aus dauernder und schneller Verlagerung des Standpunkts, wobei man schon die kleinste Gelegenheit zum Näherkommen sucht, wodurch sich die Treffchancen beträchtlich erhöhen."[173]

Die Distanzregulation, d. h. die exakte eigene Positionierung in Relation zur Position des Gegners in Abhängigkeit von der beabsichtigten Handlung, spielt eine zentrale Rolle für den beweglichen und schnellen Taekwondo-Sportkampf. Während der Begriff „Distanzregulation", wie er im Rahmen dieser Arbeit gebraucht wird, die Art der Distanzveränderung offen lässt, wird im amerikanischem Schrifttum mit „closing the gap" oder „bridging the gap" einseitig nur die Distanzverkürzung zum Gegner bezeichnet.[174] Die Fähigkeit, gekonnt die Distanz zu überbrücken, stellt für La Tourette ein prägnantes Merkmal der kämpferischen Fähigkeiten dar:

> „The ability to close this gap without your opponent realizing it in time to react is the skill that separates the expert fighter from average brawler."[175]

Für die Abhandlung der Distanzregulation werden folgende Distanzparameter verwandt:

a)　　KDL (Kritische Distanzlinie)

---

[173] Lee, 1978, 132

[174] vgl. La Tourette, 1982 / Anderson, 1980

[175] La Tourette, 1982, 81

In Modifikation zu Anderson[176] bezeichnet die KDL eine Distanz zum Gegner, die es diesem erlaubt, mit einer Tritttechnik des hinteren Beins zur Körpermitte zu punkten. Als zusätzlicher Sicherheitsabstand wird die Distanz eines Initialstepps hinzugerechnet. Zu beobachten ist, dass die kritische Distanz sich bei jedem Gegner unterscheidet (abhängig von der Körpergröße, Beinlänge!, und anderen anthropometrischen Merkmalen).

b) FDL (Faustdistanzlinie)

Die FDL bezeichnet den Abstand innerhalb der kritischen Distanz zum Gegner, der zur Punkterzielung mit geraden Fauststößen zum Körper des Gegners notwendig ist.

Grundsätzlich bestehen zwei Möglichkeiten, die richtige Distanz für einen Angriff oder Gegenangriff zu erreichen:

- Vorbereitende Handlungen, die den Gegner veranlassen, sich so zu positionieren, dass er in der richtigen Distanz für den eigenen Angriff steht (z.B. durch Techniken 2. Absicht, siehe weiter unten)

---

[176] Anderson, 1980, 94

- Steppen als Grundlage *aktiver* Distanzarbeit. Unter Stepp soll ein geeigneter Schritt oder eine Schrittfolge verstanden werden, durch die eine Distanzregulation ermöglicht wird.

Die Ausführungsweise der Stepps wird durch Lee so charakterisiert:

„Schnelle und kleine Schritte empfehlen sich, um perfektes Gleichgewicht, genaue Distanz und Fähigkeit zu plötzlichen Angriffen und Gegenangriffen zu entwickeln."[177]

Aus Sicherheitsgründen sind große Schritte, die zuviel Zeit in Anspruch nehmen und abrupte Richtungswechsel nicht mehr erlauben, zu vermeiden.

„[...] zur Überbrückung der gleichen Distanz [sind] zwei kürzere Schritte besser als ein langer Schritt."[178]

Steppen hat folgende Aufgaben:

- Distanzregulation durch Beinarbeit, wobei sich bestimmte Stepp-Folgen als zweckmäßig herauskristallisiert haben[179]
- Trefferverhinderung, -erschwerung durch den Gegner („Ein bewegliches Ziel ist schwerer zu treffen als ein feststehendes")
- Vergrößerung der Schnelligkeit eigener Techniken. Durch die eigene permanente Bewegung während der Stepps ist die Antrittsgeschwindigkeit größer als beim Start aus einer statischen Kampfstellung
- Verwirrung des Gegners durch Verschleierung der eigenen Absicht bis zur Ausführung der Technik
- Durch Ausnutzung der Bremsstöße, die in rascher Frequenz durch das Steppen erfolgen, wird eine Anwendung des biomechanischen Prinzips der Anfangskraft ermöglicht. Durch den Bremsstoß (in diesem speziellen Fall das Absenken des Körperschwerpunktes beim Stepp) wird eine positive Anfangskraft aufgebaut, die auf die Technik übertragen

---

[177] Lee, 1978, 137

[178] Lee, 1978, 137

[179] vgl. Ko, 1980 /Park, 1984

wird, so dass eine kraftvollere Technik resultiert, als sie beim Start aus einer statischen Stellung möglich wäre.

2.4.1.1 Die Steppschule (Technik der Distanzregulation I)

Stationäre Stepps (Stepps ohne Distanzveränderung)

Stepps ohne Distanzveränderung haben folgende Funktionen:

- Aufrechterhalten einer *Anfangsspannung*, die es erlaubt, Techniken explosiv auszuführen

  Hinweis für den Schüler: „Es ist einfacher von 60 km /h. auf 100 km/h. zu beschleunigen, als aus dem völligen Stillstand!"

  Sie bilden die Ausgangsbasis für Nachfolgestepps und -techniken. Empfehlenswert ist eine frühzeitige Verknüpfung von Stepp und Technik im Training.

- Den Gegner *auszuforschen*, d. h. durch die stationären Stepps wird eine Distanzverkürzung vorgetäuscht, die den Gegner zur Reaktion veranlasst. Der Schüler ist dadurch in der Lage, die Reaktionen des Gegners zu studieren, *ohne* sich in seine Reichweite begeben zu haben. Das sich ergebende Taktische Moment kann für eine eigene Technik ausgenutzt werden.

- Den *Grad der Ungewissheit beim Gegner zu erhöhen*. Durch ständige Bewegung, Stellungswechsel und Finten verbunden mit den stationären Stepps ist der Gegner bis zum eigentlichen Angriff im Unklaren sowohl über den Zeitpunkt als auch über die Art des Angriffs.

2.4.1.2 Die Technik der stationären Stepps

a) Steppen auf der Stelle

Der Schüler steht in der Kampfstellung und bewegt sich federnd auf den *Fußballen*, der Oberkörper wird entspannt gehalten.

Folgende Punkte sind zu beachten:[180]

- entspannte Haltung des Körpers, lockere Haltung der Arme
- Abstand zwischen den Füßen muss eingehalten werden
- Projektion des Schwerpunktes liegt *genau zwischen den Füßen*, um Angriffe sowohl mit dem hinteren als auch mit dem vorderen Fuß ohne Initialschritt durchführen zu können
- hüpfende Bewegungen müssen vermieden werden!
- Beine sind in jeder Phase des Steppens leicht gebeugt, damit zu jedem Zeitpunkt aus den Beinen ein Streckimpuls erfolgen kann
- in Links- und Rechtsauslage steppen (Prinzip der Beidseitigkeit)
- Lage des Schwerpunkts während des Steppens *leicht* nach vorn, hinten oder zu den Seiten verlagern
- auch bei äußerlich ruhigem, scheinbaren Stehen geistig im Rhythmus der Steppbewegung bleiben
- Gegner ist permanent im Auge zu behalten

b)   Steppschritt mit dem vorderen Bein vor und zurück

Dieser Stepp wird aus dem Steppen auf der Stelle entwickelt. Durch das kurzfristige Überschreiten der KDL (= Kritische Distanzlinie) zum Gegner werden seine *Reaktionen ausgeforscht bei gleichzeitiger minimaler Gefährdung für den Ausführenden*. Veranlasst dieser Stepp den Gegner zum Angriff, so ist durch die Distanzfehleinschätzung (der vordere Fuß des Ausführenden zieht sich sofort zurück) auf Seiten des Gegners ein Gegenangriff in die Angriffsaktion möglich.

Folgende Punkte sind zu beachten:
- Distanzverkürzung und -verlängerung erfolgen explosiv und ohne einleitende Bewegungen des restlichen Körpers (sogenanntes „Telefonieren")

---

[180] vgl. Ko, 1980, 44 f.

- Schwerpunktverlagerung ist minimal
- beidseitiges Üben der Stepps

c) Stellungswechsel ohne Distanzveränderung

Die Positionsänderung von der Links- in die Rechtsauslage ist dazu gedacht, auf Positionsänderungen des Gegners so zu reagieren, dass er in Ungewissheit darüber gelassen wird, mit welchem Bein der Angriff erfolgt. Auch wenn es durch eine ausbalancierte Kampfstellung möglich ist, sowohl mit dem vorderen als auch mit dem hinteren Bein direkt anzugreifen, besteht in der Wertigkeit dieser Tritte ein Unterschied. Tritte mit dem hinteren Bein sind stärker, da es hierbei möglich ist, die Hüftdrehung einzusetzen. Ihr Nachteil besteht in einem längeren Weg und damit in einem größeren Zeitfaktor. Tritte mit dem vorderen Bein sind schneller, haben aber dafür weniger Kraftentfaltung.

Der Stellungswechsel erfolgt durch eine explosive und gleichzeitige Positionsveränderung beider Füße mit scharfer Hüftdrehung:

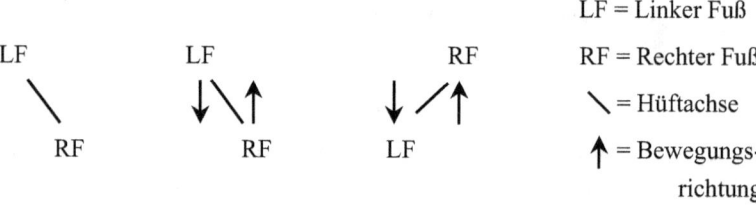

Folgende Punkte sind zu beachten:

- Stellungswechsel erfolgt als Ganzkörperbewegung
- neue Stellung muss ohne Nachkorrigieren, Gleichgewichtsverlust, Nachzittern u. a. eingenommen werden
- besonderes Augenmerk auf die Bewegung der Hüftachse richten
- *explosiver, gleichsinniger Wechsel* der Handstellung als Unterstützung der Fuß- und Hüftbewegung (im Sinne einer Koordination der Teilimpulse)
- kein Hochspringen während des Wechsels, Kopf bleibt auf der gleichen Höhe, Füße bewegen sich leicht schleifend am Boden entlang (Bewe-

gungsanweisung des Lehrers: „Bewege die Oberschenkel schnell zueinander und auseinander".)

d) Stellungswechsel mit Tritttäuschung

Dieser Stepp ist eine Erweiterung des vorhergehenden.

Aus der Linksauslage wird mit dem rechten Fuß durch kurzes Schnappen aus dem Kniegelenk nach vorne ein Tritt vorgetäuscht. Danach wird der rechte Fuß in Höhe des linken Fußes abgesetzt. Sobald der rechte Fuß Bodenkontakt hat, wird der linke Fuß zur Kampfstellung zurückgesetzt.

Folgende Punkte sind zu beachten:
- Bewegung wird leicht und flüssig ausgeführt
- Tritttäuschung wird als „Anzucken" ausgeführt, nicht als richtige Technik
- blitzartiger Stellungswechsel nach der Täuschung
- gleichbleibende Höhe des Kopfes,[181] damit aus der Frontalsicht des Gegners keine Änderung auszumachen ist.

e)   Drehung um 360°

---

[181] vgl. Kurban, 1980, 30

Bei diesem Stepp ist eine gut ausgeprägte Gleichgewichts- und Orientierungsfähigkeit vonnöten. Drehpunkt ist der linke Fuß. Die Drehung muss mit maximaler Geschwindigkeit im Uhrzeigersinn ausgeführt werden. Das rechte Bein wird locker und eng am linken Bein vorbeigeführt. Durch kurzes Schnappen aus dem rechten Kniegelenk wird ein Dwit-Chagi oder Pandae-Dollyo-Chagi (Rückwärtstritt oder Fersendrehschlag) vorgetäuscht. Das Bein wird schnell wieder zum linken Fuß geführt und nach rückwärts abgesetzt. Eine Besonderheit dieses Stepps liegt darin, dass man dem Gegner kurzfristig den Rücken zukehrt und damit keine optische Kontrolle über dessen Aktionen für diese Zeitspanne mehr hat. Bei der Einübung dieses Stepps muss deshalb vom Lehrer auf die Bedeutung der Kopfbewegung als Steuerfunktion hingewiesen werden.[182]

Folgende Punkte sind zu beachten:

- der hintere Fuß muss *eng* am vorderen Fuß vorbeigezogen werden, da sonst die Drehbewegung zu langsam wird
- der Kopf leitet die Drehbewegung ein (*Steuerungs- und Orientierungsfunktion!*)
- Schwerpunkt wird *nicht* nach vorne verlagert, sondern verbleibt hinter oder über dem Drehpunkt

---

[182] vgl. Meinel, 1987, 144

- Kopfhöhe bleibt unverändert

f) *Drehung um 360° mit Bodenkontakt nach 180°*

Durch den kurzfristigen Kontakt nach der Drehung um 180° hat der Angreifer die KDL zum Gegner überschritten. Dadurch exponiert er sich kurzfristig für dessen Angriffe. Das Risiko wird dadurch verkleinert, dass der Stepper seitlich zum Gegner steht und ihm nur die Schmalseite darbietet. In der Phase b) des Stepps ist es möglich, in einen Angriff des Gegners mit Yop-Chagi (rechter Fuß), Dwit-Chagi, Pandae-Dollyo-Chagi (linker Fuß) hineinzugehen.

Folgende Punkte sind zu beachten:

- schnellstmögliche optische Orientierung nach der halben Drehung
- durch den Bodenkontakt und das kurzfristige Verharren innerhalb des gegnerischen Bereichs muss das Augenmerk besonders auf das *richtige Deckungsverhalten* gelegt werden
- Betonung der schnellen Entscheidung
    - nach dem Bodenkontakt weiterdrehen in die Ausgangsstellung
    - nach dem Bodenkontakt direkter Angriff
- Für den *Lehrer*: Hinweis auf die Steuerungsfunktion des Kopfes und der Wichtigkeit der schnellen Kopfdrehung für die Körperdrehung

2.4.1.3 Stepps zur Distanzverkürzung

Während die stationären Stepps außerhalb der KDL (Kritischen Distanzlinie zum Gegner) und damit außerhalb der Reichweite des Gegners ausgeführt werden, tritt bei den Stepps zur Distanzverkürzung das Moment der Erreichbarkeit durch den Gegner hinzu. Durch die Distanzverkürzung wird eine Position des eigenen Körpers angestrebt, die es erlaubt, Angriffe aus einer Distanz zu starten, die den eigenen anthropometrischen Merkmalen („Reichweite") angemessen ist. Der damit verbundenen Gefährdung durch den Gegner versucht man mit folgenden Maßnahmen zu begegnen:

a) *Verbindung der Distanzverkürzung mit Finten*

(zum Begriff und der Klassifizierung von Finten weiter unten)

Durch die Verbindung von Distanzverkürzung und Finte (wobei geeignetes Steppverhalten auch als Finte gelten kann) wird der Gegner durch die Finte von der Positionierung des Angreifers innerhalb der kritischen Distanz abgelenkt und kann infolge der Fehleinschätzung der Situation keine Distanzregulation (Verkürzung oder Verlängerung) mehr vornehmen.

b) *Anwendung des Winkelprinzips*

Zur Erläuterung des Winkelprinzips ist es zunächst notwendig, eine begriffliche Klärung des verwendeten Terminus' „Kampflinie" vorzunehmen:

Unter Kampflinie soll im folgenden die direkte, gerade Verbindungslinie zwischen den beiden Kämpfenden verstanden werden. Anderson schreibt dazu:

> „When you and your opponent are fighting, you are connected by a line between you, much as though you held a rope taut between you. When you circle, the line moves, as you move."[183]

Jakhel fasst den Sachverhalt präziser:

> „Die *Kampfachse* verbindet die Schwerpunkte der zwei sich gegenüber stehenden Kämpfer."[184]

Die Bedeutung der Kampflinie besteht darin, dass in einer Situation, in der sich zwei Kämpfer gegenüberstehen;

> „[...] ihre Aufmerksamkeit geradlinig auf den Gegner fixiert [ist]. Jede direkte Angriffsbewegung wird sofort erkannt und beantwortet. Es besteht praktisch so etwas wie eine direkte Verbindung gespanntester Aufmerksamkeit zwischen den Gegnern. Diesem ‚Kanal' gespanntester Konzentration müssen wir umgehen und so die ‚Radaranlage' des Gegners stören."[185]

---

[183] Anderson, 1980, 28

[184] Jakhel, 1989, 46

[185] Pflüger a, 1982, 60

Ein „Line fighting"[186] bedeutet dementsprechend ein erhöhtes Risiko. Dieses Kämpfen auf der Kampflinie (also nur ein lineares Vor- und Zurückgehen) schränkt die eigenen Möglichkeiten erheblich ein, da schon der kleinste Fehler direkt geahndet wird. Lineares Kämpfen im Taekwondo findet sich vor allem im Anfängerbereich und tritt auch bei starker Ermüdung auf, da es natürlichen Reaktionen entspricht („Angriff geradlinig vortragen, möglichst schnell, und dann geradlinig, weg von einer Bedrohung"). Die Verhaltensweisen im Taekwondo-Kampf sind demgegenüber als ein Kunstprodukt, ein Ergebnis von Training anzusehen, die teilweise auch eine Unterdrückung natürlicher Reaktionen fordern.

Das Winkelprinzip besagt folgendes:

„Indem der Angreifer seine Stepps zur Distanzverkürzung als Vorbereitung für die nachfolgende(n) Technik(en) nicht entlang der Kampflinie ausführt, durchbricht er den ‚Kanal' gespanntester Konzentration [....]"[187] und erzwingt eine kurzfristige Neuorientierung beim Gegner, in die hinein sein Angriff erfolgt.

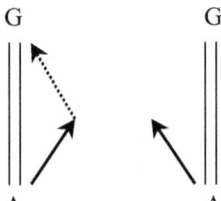 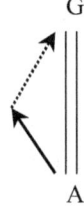

A = Angreifer
G = Gegner
↑ = Stepprichtung
↑ = Angriff
|| = Kampflinie

---

[186] Anderson, 1980, 28
[187] Pflüger a, 1982, 60

Als Mehrfachanwendung des Winkelprinzips (meist zweifach nacheinander) ergibt sich das *Zick-Zack-Prinzip*.

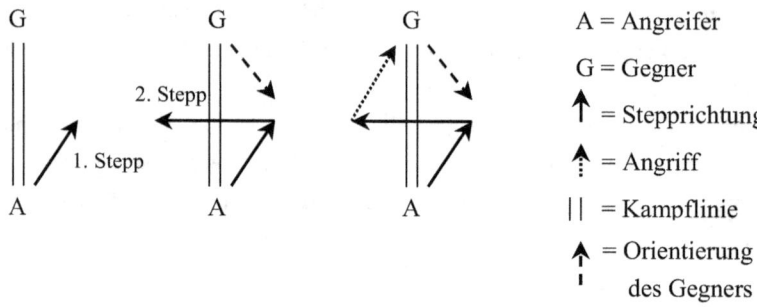

Dieses doppelte Durchbrechen des „Wahrnehmungskanals" hat, wie im obigen Beispiel schematisch gezeigt wird, eine *Fehlorientierung* zur Folge, die zum Angriff ausgenutzt wird.

2.4.1.4 Die *Technik* der Stepps zur Distanzverkürzung

Es werden hierbei zwei Gruppen unterschieden:

- Die erste Gruppe sind Stepps *ohne* Auslagenwechsel (Hüftachse ist nach Beendigung des Stepps genauso ausgerichtet wie zu Beginn).
- Die zweite Gruppe bilden Stepps *mit* Auslagenwechsel (nach Beendigung des Stepps wird eine Linksauslage zur Rechtsauslage und umgekehrt).

Ohne Auslagenwechsel

a) *Ausfallschritt mit Nachziehen des hinteren Beins: (= Gleitschritt vorwärts)*

Das vordere Bein macht einen Ausfallschritt über die KDL, das hintere Bein wird direkt anschließend, fast gleichzeitig, zur Kampfstellung nachgezogen:

Folgende Punkte sind zu beachten:

- zeitlichen Abstand zwischen Ausfallschritt und Nachziehen des hinteren Fußes immer mehr verringern
- *kein* gleichzeitiges Hüpfen mit beiden Füßen nach vorn
- Füße schleifen am Boden
- Kopfhöhe bleibt unverändert (kein „Telefonieren"!)
- Hände unterstützen nur geringfügig die Gleitbewegung und bleiben in Deckungshaltung
- Bewegung muss explosiv mit dem ganzen Körper erfolgen (Schwerpunkttranslation), nicht nur aus den Beinen

Anwendungsbereich: Stellung des Angreifers sehr nahe an der KDL, als Steppfinte

b) *Nachstellschritt*

Das vordere Bein macht einen Ausfallschritt über die KDL, das hintere Bein wird direkt hinter oder neben das vordere nachgezogen. Sobald das hintere Bein Bodenkontakt hat, wird angegriffen (mit dem vorderen Bein).[188]

---

[188] vgl. Kurban, 1980, 28 f.

Folgende Punkte sind zu beachten:

- explosive, flüssige Bewegung
- Kopfhöhe bleibt gleich
- Beine bleiben während der ganzen Bewegung gebeugt
- besonderes Augenmerk auf die Erhaltung des Gleichgewichts und der Deckung richten

c) *x-Stepp*

Beim x-Stepp werden die Beine kurzfristig überkreuzt, indem das vordere Bein etwas nach hinten gezogen wird, während das hintere Bein *gleichzeitig* nach vorne vor die Linie des vorderen Beins gebracht wird. Da die Stellung der Schulterachse nicht verändert wird, ergibt sich eine Verwringung des Unterkörpers in Relation zum Oberkörper, die entweder zum Angriff oder zu einem Nachfolgestepp genutzt werden kann.

Folgende Punkte sind zu beachten:

- Gleichzeitigkeit der Fußbewegungen
- unveränderte Haltung des Oberkörpers
- konstante Kopfhöhe
- Füße schleifen über den Boden
- Beine werden gebeugt gehalten

d) *Jagdstepp mit dem vorderen Bein (Cut-Stepp)*

Aus der Kampfstellung wird das Knie des vorderen Beins schräg nach innen oben und vorne bis etwas über Gürtelhöhe gerissen. Die Fußhaltung entspricht derjenigen bei Yop-Chagi (Zehen sind zum Schienbein hin angewinkelt, die Fußkante zeigt zum Gegner). Durch diese Aktion wird die offene Körperseite durch das Schienbein gedeckt. Gleichzeitig wird das hintere Bein so eingedreht (mit gebeugtem Knie!), dass die Ferse in Bewegungsrichtung zeigt. Durch das Hochreißen des Knies (die Vorwärtsbewegung muss eine größere Betonung erfahren als die Aufwärtsbewegung) wird das Standbein nachgezogen. Möglich sind anschließend ein Angriff mit dem hochgezogenen vorderen Bein (mehr für Fortgeschrittene), Faustangriffe oder nach Absetzen des Jagdbeines Angriffe mit dem hinteren Bein. Die Bedeutung des Jagdstepps liegt darin, dass er es ermöglicht, große Distanzen (z. B. bei einem flüchtenden Gegner) relativ gefahrlos zu überwinden.

Folgende Punkte sind zu beachten:

- Schwerpunkt bleibt während der ganzen Bewegung auf einer Ebene (kein Hüpfen oder Hochspringen!)
- hinteres Bein wird durch den Impuls des vorderen Beines *nachgezogen*, es führt selbst keine aktive Bewegung aus

- hintere Ferse bei gebeugtem Bein in Bewegungsrichtung drehen
- Fußkante des vorderen Fußes befindet sich ungefähr in Kniehöhe

Schienbein schützt den Körper

Stepps mit Auslagenwechsel

a) *Ein-Schritt-Stepp*

Es handelt sich bei diesem Stepp um einen Auslagenwechsel durch einen explosiven Schritt vorwärts. Drehpunkt ist der *Fußballen* des vorderen Fußes. Drehachse ist die gesamte vordere Körperseite.

Zwei Möglichkeiten:

Folgende Punkte sind zu beachten:

zur 1. Möglichkeit

- Der Stepp *muss* als Ganzkörperbewegung ausgeführt werden, Lehrer muss die Aufmerksamkeit der Schüler auf die Hüftbewegung lenken
- hinteres Bein wird eng am vorderen vorbeigezogen
- Hände unterstützen durch *explosives* Gegenziehen in die neue Auslage die Bein- und Hüftbewegung
- sofort zum sicheren Stand kommen
- Beine bleiben gebeugt, Kopfhöhe ist unverändert
- Blickrichtung während der gesamten Bewegung zum Gegner

zur 2. Möglichkeit

- darauf achten, dass nur kurzfristig der Blickkontakt zum Gegner verloren wird, Kopfbewegung geht der Körperbewegung voraus (Steuerfunktion!)
- das hintere Bein wird *eng* (die Oberschenkel streifen aneinander vorbei) am vorderen Bein vorbei geführt
- Körperschwerpunkt bleibt während der gesamten Bewegung auf einem Niveau
- Beine werden während der gesamten Bewegung gebeugt gehalten

b)   *Zwei-Schritt-Stepp*

Es handelt sich bei diesem Stepp um eine gleichzeitige Bewegung beider Füße. Während der vordere Fuß um ca. 1/3 des Abstands beider Füße zueinander zum hinteren Fuß zurückgezogen wird, vollführt der hintere Fuß einen Schritt vorwärts. Durch diesen Stepp ist ein überraschender Auslagenwechsel möglich.

Folgende Punkte sind zu beachten:

- Betonung der Hüftbewegung beim Auslagenwechsel
- Gleichzeitigkeit der Fußbewegungen
- Unterstützung der Gesamtbewegung durch *explosiven* Wechsel der Hände zur neuen Auslage

c)   *Jagdstepp mit dem hinteren Bein*

Sinngemäß gilt das gleiche, was für den Jagdstepp mit dem vorderen Bein gesagt wurde. Das Augenmerk muss darauf gerichtet werden, das hintere Bein schnell nach vorne unter Beteiligung der Hüfte zu bringen. Mit diesem Stepp lassen sich große Distanzen relativ gefahrlos überwinden. Durch die Großräumigkeit der Bewegung besteht für den Gegner jedoch die Chance, sich neu zu positionieren und nach Beendigung des Stepps von der veränderten Position aus anzugreifen. Hauptsächlicher Einsatz: gegen einen gerade nach hinten flüchtenden Gegner.

 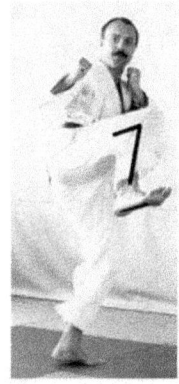

Folgende Punkte sind zu beachten:

- siehe unter „Jagdstepp mit dem vorderen Bein"
- explosives Vorstoßen der hinteren Hüfte

2.4.1.5 Stepps zur Distanzverlängerung (Defensivstepps)

Stepps zur Distanzverlängerung dienen dazu, aus der Reichweite des Gegners herauszukommen und eine günstige Position für den Aufbau eines eigenen Angriffs oder Gegenangriffs einzunehmen. Diese Stepps entsprechen spiegelbildlich den vorher besprochenen Stepps (außer den Jagdstepps, die nur zur Distanzverkürzung dienen). Aus diesem Grund soll hier auf eine ausführliche Darstellung verzichtet werden, da sämtliche oben dargestellten Punkte auch auf diese Stepps zutreffen. Bei den Stepps zur Distanzverlängerung sollte ebenfalls auf Beachtung des Winkelprinzips (siehe oben) geachtet werden. Die Stepps zur Distanzverlängerung dienen *defensiven* Zwecken, d. h., sie weichen Angriffen des Gegners aus. Zur Veranschaulichung der defensiven möglichen Bewegungsrichtungen wird das Einteilungssystem einer Uhr zugrunde gelegt.[189]

---

189 vgl. La Tourette, 1982,58 ff.

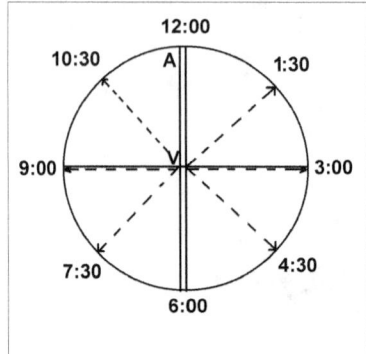

Der *Verteidiger* steht auf dem Schnittpunkt der Verbindungslinie 6:00/12:00 und 3:00/9:00.

Der *Angreifer* steht bei 12:00.

Theoretisch stehen dem Verteidiger alle Bewegungsrichtungen offen, um dem Angriff von A zu begegnen. Entscheidet sich der V für 12 Uhr („direktes Hineingehen in den Angriff"), so ist perfektes Timing für den Gegenangriff vonnöten. Beim kleinsten Fehler seitens V addieren sich die Angriffskraft von A und die Kraft des Gegenangriffs von V. Aus Sicherheitsgründen ist dieses Muster *nicht* empfehlenswert!

Bleibt V auf der Kampflinie (Richtung 6 Uhr), so wird er durch eine Angriffsserie des A buchstäblich überrannt („Rückwärts läuft man langsamer als vorwärts").

Die sich anbietenden defensiven Bewegungsrichtungen zur Distanzverlängerung unter Beachtung des Winkelprinzips ergeben sich somit als die Richtungen 3:00, 4:30, 7:30 und 9:00.

1:30 und 10:30 sind durch ihre zu große räumliche Nähe zur Kampflinie als Defensivbewegungsrichtungen nur bedingt geeignet. Sie bieten sich als Richtungen zum Vortrag von Offensivbewegungen an.

Während die Stepps zur Distanzverlängerung ein spiegelbildliches Pendant zu den weiter oben besprochenen Stepps darstellen, soll hier noch die Technik des Side-Stepps, des seitlichen Herausgehens aus der Kampflinie bzw. dem Angriff, besprochen werden.

Die Technik des Side-Stepps

1. Möglichkeit = Ausweichen in die Richtung 9:00

Der hintere Fuß wird in einem leichten Kreisbogen Richtung 9:00 zur Seite auswärts gestellt. Drehpunkt ist der linke Fußballen, Drehachse die gesamte linke Körperseite. Die Hüftachse wird wie eine Schwingtür aus den Angriffsbereich gebracht.

2. Möglichkeit = Ausweichen in Richtung 3:00

Dieses seitliche Ausweichen wird in zwei Teilbewegungen ausgeführt:
- kleiner Seitwärtsschritt mit dem hinteren Bein aus der Angriffsrichtung

- es kann sich eine Ein-Schritt-Technik rückwärts nach 3:00 mit dem vorderen Bein anschließen

Folgende Punkte sind zu beachten:
- die Steppbewegungen und Drehungen erfolgen nur auf dem Fußballen
- Herausnehmen der Hüftachse aus der Angriffsrichtung schnell und explosiv durch Ganzkörperbewegungen

2.4.1.6 „Sliding" (=Nachschleifen des Standbeins gleichzeitig mit der Ausführung einer Technik") als Distanzfeinregulation

Unter „Sliding" soll im folgenden der Versuch verstanden werden, noch *während* der Ausführung einer Technik nach erfolgter Steppbewegung eine Feineinstellung der Distanz vorzunehmen, um gegnerische Distanzveränderungen zu kompensieren. Das Standbein wird damit auch zum „Distanzbein" (diesen Ausdruck verdankt der Autor Prof. Dr. Wolfgang Dahmen, 4. Dan, Vizeweltmeister Taekwondo 1975)

Folgende Punkte sind zu beachten:
- Bodenkontakt des Standbeins (Distanzbeins) bleibt während des Stepps erhalten
- der Körperschwerpunkt bleibt während der ganzen Aktion zwischen den Füßen (dynamisches Gleichgewicht)

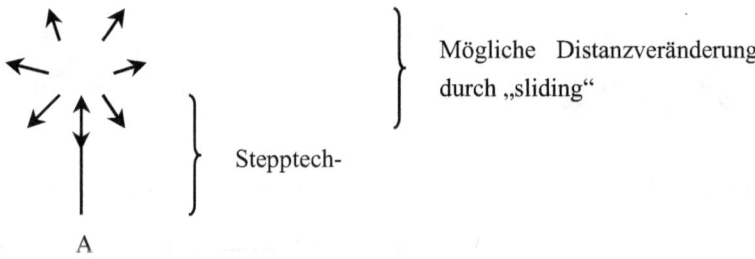

2.4.1.7 Zur Trainingspraxis der Stepps

a) Üben in der Gruppe

Der Lehrer demonstriert vor den Schülern eine Stepptechnik
- üben in der Reihe
- üben im Karree
- nach Kommando
- nach Händeklatschen
- Lehrer vollführt Stepps nach rückwärts, Schüler versuchen durch geeignete Stepps den Abstand gleich zu halten

b) Partnerweises Üben
- ein Partner steht im Rücken, bei Berührung explosiver Stepp
- beide Partner halten ein Seil Gürtel oder ähnliches zwischen sich gespannt und steppen. Sie versuchen einen festen Abstand zu halten und das Seil leicht gespannt zu lassen.
- Side-Stepps gegen geradlinige Techniken (Chirugi, Miro-Chagi)
- die Schüler stellen sich in Gruppen auf und durchqueren die Halle mit Stepps

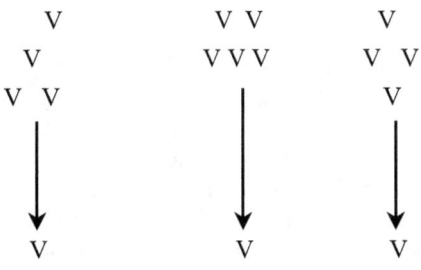

(höhere Intensität beim Üben durch diese Aufstellungsformen)

c) freies Üben der Stepps mit *Musik*

d) zur Einübung der richtigen Entfernung beider Füße zueinander werden die Knie mit einem Seilchen oder Gürtel soweit mit Spielraum zusammengebunden, dass eine optimale Schrittlänge erreicht wird

2.4.2 Finten als Bestandteil der Distanzregulation I

Unter einer Finte versteht man eine

„[...] Falschinformation über eine Folgehandlung an den Gegner, um diesen zu unzweckmäßigen Reaktionen zu verleiten und in den eigenen Aktionen einen zeitlichen Vorsprung zu erlangen. Finten müssen deshalb durchführbar, sinnvoll, glaubhaft, zeit- und raumgerecht erscheinen und eine direkte Bedrohung, die es zu verhindern gilt, darstellen. Man unterscheidet Angriffs- und Verteidigungsfinten sowie Einfach-, Zweifach- und Mehrfachfinten, wobei letzteren zeitliche Grenzen gesetzt sind. Die Variabilität und die sichere Beherrschung der Finten sind im Wettkampf leistungsentscheidend."[190]

Damit stellt die Finte den Versuch dar, Wahrnehmung und Situationsanalyse des Gegners im Sinne des eigenen Vorteils zu manipulieren. Die Voraussetzung der Falschinformation ist ein vergleichbarer Informationsstand beim Gegner, ohne den er die Finte nicht deuten kann.[191] Je geringer die Erfahrung beim Gegner ist, desto offensichtlicher und deutlicher müssen die Finten sein, während bei erfahrenen Gegnern meist eine leichte Andeutung genügt.

Vom Aspekt der Bewegungsstruktur her

„[...] sind Finten der erste Teil in der Kombination zweier azyklischer Bewegungsakte, von denen jeder einen eigenen Zweck hat. Die Täuschungsbewegung soll den Gegner zu bestimmten Annahmen und Aktionen veranlassen, während die nachfolgende ‚eigentliche' Hauptbewegung der Verwirklichung der im Spiel- oder Kampfgeschehen beabsichtigten Aktion dient. Bei einer solchen Kombination kann die zweite Hauptphase biomechanisch und sensomotorisch nicht optimal vorbereitet werden, die Täuschungsbewegung muß aber eine effektive

---

[190] Jonath, 1986, 92

[191] vgl. Hagedorn, 1987, 165

Ausführung der zweiten Hauptphase ohne Verzögerung ermöglichen, das heißt, sie muß die Vorbereitung der zweiten Hauptphase mit enthalten."[192]

Der Vorteil von Finten besteht im *Distanz- und Zeitgewinn* für den eigenen Angriff.[193] Die Falschinformation, die durch die Finte vermittelt wird, kann folgende Punkte betreffen:

a)   räumliche Parameter
b)   zeitliche Parameter
c)   dynamische Parameter
d)   psychischer Zustand des Angreifers[194]

ad a)

- eine *Distanzverkürzung*, die sofort anschließend durch eine Distanzverlängerung aufgehoben wird, signalisiert dem Gegner die *falsche Distanz* und veranlasst ihn zum Angriff (und umgekehrt)
- während der Distanzregulation wird durch die Finte eine *Angriffsstufe* vorgegeben (tief/hoch), die anders als beim eigentlichen Angriff ist (hoch/tief) und umgekehrt
- Verwendung von verschiedenen *Angriffswinkeln* (Zick-Zack Prinzip, s.o.)
- durch *einen stationären Stepp* wird eine Distanzverkürzung vorgetäuscht.
- Vorgabe einer *Angriffsseite* (rechts/links, links/rechts, innen/außen, außen/innen) durch die Finte, wonach dann der eigentliche Angriff mit der anderen Seite erfolgt.

---

[192] Meinel, 1987, 110

[193] vgl. Lee, 1978, 129

[194] vgl. Beissner, 1977 / Ko, 1980 / Park, 1984 / Lee, 1978 / Anderson, 1980

ad b)

- *langsame* Finte, *schneller* Angriff, vorher mehrmals langsam angreifen
- Angriff in *regelmäßigem Rhythmus*, dann in gebrochenem Rhythmus (Wegen der Bedeutung des *gebrochenen Rhythmus'* für den Kampf wird dieser weiter unten gesondert behandelt)

ad c)

Als Finte werden mehrere lockere, *halbherzig ausgeführte* Angriffe vorgetragen. Dann wird der *Hauptangriff hart und mit ganzem Einsatz* durchgeführt.

ad d)

- Einsatz des „Kihap" (Kampfschrei)
- durch den Kihap dokumentiert der Angreifer Entschlossenheit und erzeugt beim Gegner für Sekundenbruchteile Starrheit („Schrecksekunde"). Entweder erfolgt dann ein direkter Angriff oder es unterbleibt die Attacke. Im zweiten Fall wird sich der Gegner kurzfristig nach ausgebliebenen Angriff entspannen. In die Entspannungsphase hinein wird angegriffen.
- demonstratives Zeigen von *Ermüdung und/oder Ängstlichkeit*. Daraufhin erfolgende Angriffe des Gegners werden konsequent gekontert
- bewusst wird die *Deckung vernachlässigt*, so dass bestimmte Angriffszonen für den Gegner frei sind. In den Angriff hinein wird gekontert
- bewusstes *Fixieren einer Deckungslücke* des Gegners. Bei Konzentration des Gegners auf diese Stelle wird anderweitig angegriffen.

In der Trainingspraxis sollen diese Finten in das Technikkombinationstraining eingebaut werden, eventuell können auch beim Pratzentraining Einzelelemente integriert bzw. der zu übenden Technik vorgeschaltet werden. Die beste Möglichkeit, Erfahrungen mit dem Einsatz von Finten zu machen, besteht für den Schüler darin, sehr oft leichtes Sparring mit Vorgaben zu machen, z. B. so, dass die eigentliche Treffertechnik angegeben wird und durch individuelle Finten der Weg dahin bereitet wird.

„Fintieren setzt voraus:

- gute Körperkontrolle (stabiles Gleichgewicht)
- hohe Aufmerksamkeit (innere Zuwendung)
- geschärfte Wahrnehmung (Erkennen von Handlungsmustern)
- intuitives Einfühlen (Erfassen von Antriebsmechanismen)
- Handlungsvorwegnahme (Antizipation fremder Absichten)
- technische Grundlagen."[195]

2.5 Die zeitliche Komponente einer Kampfhandlung

Die Grundprobleme des Sportkampfes lassen sich phänomenologisch als Funktion dreier Kategorien betrachten:

a) Distanzkategorie

  („Aus welcher Distanz soll ich angreifen?")

b) Technikkategorie

  („Welche Technik / Technikkombination / Technikserie soll ich anwenden?")

c) Zeitkategorie

  („Wann soll ich angreifen /ausweichen /abwehren")

---

[195] Hagedorn, 1985, 191

2.5.1 Die Wahl des richtigen Zeitpunkts für die Kampfhandlung

Die ausführliche Behandlung der ersten beiden Kategorien in den vorangegangenen Kapiteln hat bewusst das Problem der Wahl des richtigen Zeitpunkts für die eigene Kampfhandlung ausgespart und ist von dem Konstrukt eines beliebigen Zeitpunkts ausgegangen oder es wurden, wie im Pratzentraining, künstlich verlängerte Zeitspannen für die Aktion angeboten. Beide Alternativen stellen keine realistische Abbildung der Situation dar, wie sie sich im Sportkampf ergibt. Der richtige Zeitpunkt für die Kampfhandlung ist das Resultat einer bestimmten Konstellation von Faktoren, deren Zusammenwirken den richtigen Zeitpunkt kennzeichnet. Jakhel bezeichnet diesen situationsabhängigen Zeitpunkt als „*Taktisches Moment*" (TM) und versteht darunter:

> „[...] eine Situation, in der alle Faktoren eines erfolgreichen Angriffs gleichzeitig auftreten."[196]

Das Modelltraining (Grundschule, Formen) wird unter der Voraussetzung einer taktisch idealen Kampfsituation, die permanent besteht, durchgeführt. Beim Pratzentraining und beim gelenkten Sparring werden die TM's künstlich herbeigeführt, nur sind sie erheblich länger als im freien Sparring oder im realen Kampf. Das TM ist dadurch gekennzeichnet, dass der Gegner momentan ungeschützt in Bezug auf die Angriffspunkte ist:

> „
> - er greift nicht an, während wir unseren Angriff einleiten,
> - er kontert nicht, während wir den Angriff ausführen,
> - er weicht nicht aus bzw. entkommt unserem Angriff nicht
> - er versucht nicht, den Angriff abzuleiten, abzublocken oder irgendwie anders abzuwehren.
>
> Er ist also vollkommen kampfunfähig, kann keine Kampfaktion starten. Er befindet sich in einem Zustand, den wir [...] als *Zustand Verminderter Startbereitschaft*, kurz ZVSB, bezeichnen werden. Gleichzeitig steht er in einer angemessenen Angriffsdistanz zu uns [...]"[197]

---

[196] Jakhel, 1989, 74

[197] Jakhel, 1989, 75

Um dem Schüler die Erkenntnis des TM zu ermöglichen, muss der Lehrer die komplexe Kampfsituation transparent machen und eine Reduktion auf die handlungsrelevanten Signale vornehmen. *Handlungsrelevante Signale*, die einen Zustand verminderter Startbereitschaft (ZVSB) des Gegners anzeigen, können einzeln oder in Kombination folgende sein:[198]

- Der Gegner nimmt eine *Änderung* vor, wie Wechsel von der rechten in die linke Kampfstellung, Änderung der Armstellung, Wechsel von offensiv zu defensiv und umgekehrt. Betrifft der Wechsel räumliche Änderungen, so ist zu beachten, dass der eigene Angriff treffen muss, wenn der Gegner ungefähr die Hälfte der Strecke zurückgelegt hat und keine Korrektur mehr vornehmen kann. Bei *Gleichgewichtsverlagerungen* lässt sich generell festhalten, dass großräumige Verlagerungen die Zeitspanne des ZVSB verlängern. Hat der Gegner einen Fußangriff gestartet, so ist sein ZVSB in dem Augenblick eingetreten, wenn er seinen Fuß wieder absetzen will und dieser noch 10 - 20 cm vom Boden entfernt ist.

- Der Wechsel von Anspannung (infolge eines Angriffs) zu Entspannung

- Beim Angriff des Gegners geht man mit einer *Pada (=gleichzeitiger Gegenangriff) -Technik* in den Angriff hinein. Mental ist der Gegner auf eine Distanz eingestellt, die der ursprünglichen Distanz vor dem Angriff entspricht. Der Schüler soll versuchen, zu treffen, wenn ca. die Hälfte der Distanz durch den Gegner überbrückt worden ist.

- Ausnutzung der *Atmung als Indikator* für einen ZVSB

„Die Kraft des Menschen ist im Moment des Ausatmens groß, während des Einatmens jedoch klein. Diese physiologische Erkenntnis nutzt man für den Angriff aus und zielt darauf ab, den Gegner beim Einatmen anzugreifen."[199]

---

[198] vgl. Anderson, 1980, 177 ff.
[199] Oshima / Ando, 1979, 95

Deshimaru-Roshi bemerkt dazu:

"Beim Karate kann ein Stoß, den man während der Einatmung erhält, sehr gefährlich sein. Beim Ausatmen nicht. Man muß also eine Gelegenheit erfassen, wo der Gegner einatmet, denn dann bietet er seine Lücke, ein Loch."[200]

Die Folgerungen für die Trainingspraxis bestehen für Deshimaru-Roshi darin, dass eine

"[...] Handlung immer während der Ausatmung (Yang) erfolgen [muß] und wenn möglich während der Einatmung (Yin) des Gegners, in einem Augenblick also, in dem er am meisten verwundbar ist."[201]

"Man trainiert so, daß man das Einatmen des Gegners erkennt und zuschlägt, den Gegner aber nicht den Moment des eigenen Einatmens erkennen läßt."[202]

Die muskelphysiologische Bestätigung dieser Sachverhalte findet sich bei Farfel.[203]

- *TM's durch Ausnutzung von Phasen verlängerter Reaktionszeit*

"Die Reaktionszeit des Gegners verlängert sich:

1. unmittelbar nach Beendigung einer Technik,
2. bei zu vielen einströmenden Reizen,
3. beim Einatmen,
4. wenn er seine Energie zurückzieht (Haltung ist wichtig),
5. wenn seine Aufmerksamkeit oder sein Blick irregeleitet werden,
6. wenn er ganz allgemein körperlich oder geistig aus dem Gleichgewicht ist."[204]

---

[200] Deshimaru-Roshi, 1978, 59

[201] Deshimaru-Roshi, 1978, 167

[202] Oshima / Ando, 1979, 95

[203] Farfel, 1975, 171 ff.

[204] Lee, 1978, 62

Bei Ermüdung, Zerstreutheit oder emotionaler Aufgewühltheit verlängert sich die Reaktionszeit ebenfalls.

- Die Atmung lässt sich aktiv zur Schaffung eines ZVSB des Gegners in Form des Kihaps (jap. Kiai = Kampfschrei) anwenden. Die Wirkungen des Kihap / Kiai lassen sich wie folgt beschreiben:

  „1. Der ganze Körper wird auf einen bestimmten Zeitpunkt der Technikanwendung fixiert und damit viele Muskeln kraftmäßig koordiniert, es wird die größte zur Verfügung stehende Kraft entfaltet.

  2. Er strafft den inneren Brustkorb und schließt die Rippen zu einem festen Schild als Schutz für die inneren Organe gegen mögliche Verletzungen.

  3. Er konzentriert die volle Körperkraft auf einen Auftreffpunkt von wenigen Quadratzentimetern - in der Abwehr wie auch im Angriff.

  4. Er konzentriert oder lähmt den Gegner für einen wichtigen Zeitraum durch das Überraschungsmoment des nicht erwarteten KIAI."[205]

Der Kihap / Kiai wirkt darüber hinaus als eine Art *Selbstbefehl* und *Selbstmotivation*, die in Kampfsituationen die Angst überwinden hilft.

- Während der Phase des Lidschlusses ist der Gegner nicht in der Lage, die Kampfsituation optisch zu erfassen. Durch eine schnelle Bewegung in Richtung des gegnerischen Gesichts lässt sich ein Lidschluss provozieren, der zu einem Angriff ausgenutzt werden kann.

- Schaffung eines TM's durch *Distanzmanöver* mit *plötzlichem Richtungswechsel* oder abrupten Stepps

Beispiele:

- Distanzverkürzung zum Gegner hin, direkt anschließend kurze Stepps rückwärts, die *immer kleiner* werden (!). Die Folge ist, dass der Gegner

---

[205] Stiebler / Kohnert, 1984, 34

zur Fehleinschätzung der Distanz kommt. Bei Überschreiten der KDL erfolgt ein direkter Angriff.

- Aus der Rückwärtsbewegung erfolgt ein *plötzlicher Stepp* vorwärts mit direktem Angriff
- Aus der ein- oder zweimaligen Distanzverlängerung erfolgt ein Richtungswechsel mit Angriff

2.5.2 Einsatz des unterbrochenen Rhythmus'

Der motorische Teil einer Kampfhandlung unterliegt einem bestimmten Bewegungsrhythmus. Unter Bewegungsrhythmus wird hier:

„[...] die spezifische, charakteristische zeitliche Ordnung eines motorischen Aktes [verstanden] [...] Diese zeitliche Ordnung bezieht sich auf Teilprozesse, die im motorischen Akt miteinander verbunden sind [...] Grundlage für den Bewegungsrhythmus sind die motorischen Prozesse, am deutlichsten die Muskeldynamik und ihre unterschiedliche Akzentuierung im Bewegungsvollzug."[206]

Für den motorischen Teil der Kampfhandlung bestehen nur zwei Alternativen seiner Gestaltung. Die erste besteht darin, dass man jeden Teilprozess bis zum Treffen des Gegners mit größtmöglicher Schnelligkeit ausführt. Diese Art ist nur dann erfolgreich, wenn signifikante Unterschiede in der Schnelligkeit beider Gegner vorliegen. Die zweite Möglichkeit beruht auf der Anwendung unterbrochener Rhythmen, d.h. der Bewegungsrhythmus als Strukturmerkmal der Kampfhandlung wird für den Gegner unberechenbar.

„Normalerweise können zwei Kämpfer mit gleichem Können den gegenseitigen Bewegungen folgen und sind sich wahrscheinlich ebenbürtig, falls ihre Schnelligkeit nicht sehr unterschiedlich ist. Die Angriffs- und Abwehrbewegungen weisen beinahe einen aufeinander abgestimmten Rhythmus auf. Sie stehen in zeiticher Reihenfolge zueinander, und das richtige Timing einer Bewegung hängt von der vorausgegangenen Bewegung ab. Obwohl beim Angriff ein geringfügiger Vorteil liegt, muß dieser aber auch mit sehr großer Schnelligkeit

---

[206] Meinel, 1987, 113

durchgeführt werden, um einen Treffer zu erzielen. Wenn jedoch der Rhythmus unterbrochen wird, dann ist die Schnelligkeit nicht mehr das allein ausschlaggebende Moment beim Erfolg eines Angriffs oder Gegenangriffs. Wenn sich ein bestimmter Rhythmus einmal durchgesetzt hat, dann besteht allgemein die Tendenz, die Bewegungen in diesem Rhythmus weiterzuführen. Oder mit anderen Worten: Jeder Kämpfer muß wie ‚aufgezogen' in dem einmal gewählten Bewegungsrhythmus weitermachen. Derjenige, der seinen Rhythmus durch ein geringfügiges Zögern oder eine unerwartete Bewegung unterbricht, kann einen Angriff oder Gegenangriff mit nur mäßiger Geschwindigkeit erfolgreich durchführen, sein Gegner macht gezwungenermaßen im einmal gewählten Rhythmus weiter und er ist schon getroffen, bevor er sich auf die Änderung einstellen kann. Deshalb ist ein Schlag mit richtigem Timing normalerweise sehr wirksam, denn er scheint sein Opfer ‚kalt' zu treffen."[207]

Anderson umschreibt die Anwendung unterbrochener Rhythmen mit der Metapher:

„If you get the idea of stuttering through a sentence and apply it to foot work, you've got it. [...] Broken rhythm is usually used in conjunction with arm, leg and body fakes."[208]

Je mehr der Gegner in Verwirrung gerät, umso mehr *greift er auf Automatismen in seiner Reaktions- und Verhaltensweise zurück.* Dadurch erhöht sich seine Berechenbarkeit.

Zum Abschluss dieses Kapitels werden die Kadenzen, die im Schattentraining, Sandsacktraining und - situationsangemessen - im Sparring mit dem Gegner auftreten, zusammengestellt. Ausgegangen wird von einer Abfolge von drei Techniken (=Technikserie), die mit unterschiedlichem Tempo und Rhythmus geschlagen werden.

Zeichenerklärung:

M = mittlere Geschwindigkeit (moderate speed), bei der eine annähernd perfekte Form der Ausführung möglich ist

---

[207] Lee, 1980, 64

[208] Anderson, 1980, 25

F = schnellstmögliche Geschwindigkeit (full speed). Ausführungsform spielt nur eine sekundäre Rolle.

\- = Pause, Verzögerung

Kadenzen[209]

M-M-M	M-MM	MM-M	MMM
M-M-F	M-MF	MM-F	MMF
M-F-M	M-FM	MF-M	MFM
F-M-M	F-MM	FM-M	FMM
M-F-F	M-FF	MF-F	MFF
F-M-F	F-MF	FM-F	FMF
F-F-M	F-FM	FF-M	FFM
F-F-F	F-FF	FF-F	FFF

---

[209] vgl. Maslak, 1980, 126

2.6 Die Problematik des Transfers vom kontaktlosen Modelltraining auf den Vollkontaktmodus der Kampftechniken

Die Handlungssysteme des Modellbereichs, wie Grundschule, Formen, vereinbartes Partnertraining, haben gemeinsam, dass sie ohne Kontakt, d. h. ohne Trefferwirkung, ausgeübt werden. Durch diesen Nullkontakt-Modus ist es möglich, eine phänomenologisch exakte, an den Postulaten des Stils ausgerichtete Technik zu erlernen, ohne dass Verletzungsgefahr für den Partner besteht. Das, was Nakayama für den Karate-Do (Shotokan) beschreibt, gilt in gleicher Weise für Taekwondo:

> „Karate-Do erzieht den Körper. Durch die Ausübung des Karate-Do beherrscht der Karateka alle Bewegungen des Körpers, wie zum Beispiel Beugen, Springen, Balancieren, indem er lernt, Glieder und den Körper nach den Techniken des Karate-Do rückwärts und vorwärts, links oder rechts sowie nach oben oder unten zu bewegen. Diese Techniken werden vollkommen von der Willenskraft des Karateka kontrolliert und richten sich präzise, direkt und mit maximaler Kraft auf das Ziel. Das Wesentlichste aus den Karate-Techniken ist Kime. Kime bedeutet soviel wie die explosionsartige Ausführung einer Technik mit maximaler Kraft in der kürzesten Zeit, die möglich ist.
>
> Früher gab es noch den Ausdruck *Ikken Hissatsu*, ‚mit einem Schlag töten.' Daraus abzuleiten, daß das Ziel des Karate-Do das Töten sei, ist jedoch falsch und gefährlich."[210]

Das zugrunde liegende Konzept, wie es auch im traditionellen Taekwondo vertreten wird,[211] beinhaltet als Ziele

a)   völlige Kontrolle der Techniken

b)   die Fähigkeit, mit einer einzigen Technik den Kampf entscheiden zu können

---

[210] Nakayama a, 1980, 8

[211] vgl. Choi, 1972, 25

Wettkampfsysteme, die einen Nullkontakt-Modus pflegen, legen das obige Konzept auch als Bewertungsmaßstab zugrunde, d.h., die exakte Ausführungsform und der kurz *vor* das Ziel gelegte Focus = Kime entscheidet über die Wertung als Treffer. Das Hauptgewicht in diesen Stilen liegt auf dem Üben von Grundschule ohne und mit Partner und dem Üben der stilspezifischen Formen (jap. Kata / korean. Poomse). Der Wettkampf wird verstanden als eine Anwendung perfektionierter Grundtechniken. Durch die Fiktion der einen einzigen kampfentscheidenden Technik und der strengen Hierarchie innerhalb der Systeme besteht auch kein Erkenntnisinteresse in Bezug auf eine Optimierungsanalyse der Techniken, da diese als sakrosankt und nicht mehr verbesserungsfähig erachtet werden.

Der Nachteil der Nullkontakt-Stile besteht darin, dass keine Rückmeldung über die Wirksamkeit bzw. Härte der Technik erfolgt. Dies führt dazu, dass Illusionen über die Schlagstärke und Präzision gezüchtet werden, die der Wirklichkeit nicht standhalten. Ein hochgraduierter Karate-Meister (Masayuki Hisataka vom Shorinji-Ryu Kenkokan Karate-Do) umreißt die Problematik des Transfers der Nullkontakt-Grundschultechnik in geeignete Techniken für den Einsatz im Vollkontakt folgendermaßen:

> „Als überaus erfolgreicher Traditionalist hatte ich zwar gute Techniken, doch die Anwendungen derselben ist im Full-Contact, speziell im Bereich der richtigen Distanz, sehr, sehr schwierig. Vom traditionellen Bereich her war ich es z. B. ausschließlich gewohnt, meine Techniken in der Endphase zu arretieren und in genau dieser Phase die höchste Kraftentfaltung zu entwickeln. Im Full-Contact-Bereich ist dieser Moment in der Realität jedoch zumeist überhaupt nicht umsetzbar. Man kann nicht kurz vor dem gegnerischen Körper seine Maximalkraft erzielen, sondern muß dies ‚im' Körper des Gegners tun und die Technik erst dann arretieren. Und auch dies hat man als reiner Traditionalist niemals gelernt und erfahren. Als nächstes stellt sich die Frage, wie weit man in den Gegner hineinschlagen muß, um dann zu arretieren und somit die größtmögliche Technikwirkung hierbei zu erzielen. Wie will man dies jemals lernen, wenn man ausschließlich ‚Luftlöcher' schlägt? Ein weiteres Problem ist die Tatsache, daß der Gegner oftmals in die Techniken hineinstürmt und die Technik somit erst gar nicht ‚ausgefahren' und arretiert werden kann. In der Realität muß man es in solchen Situationen aber dennoch verstehen, hier noch weitgehende Kraftentwicklung - unter völlig anderen Voraussetzun-

gen ! - zu erzielen, was besonders bei Beintechniken [...] recht schwierig ist!"[212]

Aus dem oben Gesagten ergeben sich folgende Hauptschwierigkeiten:

a) die Distanzregulation bei einem beweglichen Kampfstil (siehe weiter oben)

b) „Eindringtiefe" der Technik

c) Auftreffwinkel der Technik

d) Kraftentfaltung auch bei nicht-optimaler Ausführung

Da der erste Punkt schon abgehandelt wurde, sollen nur die drei letzten Punkte kurz umrissen werden.

ad b)

La Tourette nennt neben Geschwindigkeit und Kraft die sogenannte „penetration depth" (=Eindringtiefe) als wichtigen Bestandteil einer funktionalen Technik.[213] Er versteht darunter

„[...] the necessary depth that is required to induce maximum damage to the target area. You must strike through the target. [...] In all cases of funktional penetration the object is to go through the target and withdraw in the fastest time possible. [...] The only way to get used to hitting targets is to hit targets."[214]

Mit dem letzten Satz begründet La Tourette die Notwendigkeit des Trainings mit Hilfsmitteln. Maße für die Eindringtiefe finden sich bei Anderson[215] und La Tourette.[216] Anderson gibt pauschal 4 inches (1 inch = 2,54 cm) ohne Berücksichtigung der Technik an, während La Tourette für Handtechniken 6 - 8 inches, für Schnapptritte 8 - 12 inches, für geradlinige Tritte 12 - 18 inches angibt.

---

[212] Hisataka, 1990, 10

[213] vgl. La Tourette b, 1982, 143

[214] La Tourette b, 1982, 143

[215] Anderson, 1980, 48

[216] La Tourette a, 1982, 66 / b, 1982, 143

ad c)

Da versucht werden soll, *durch* das Ziel zu schlagen, liegt der optimale Auftreffwinkel bei 90°.[217]

ad d)

Um die ausreichende Kraftentwicklung bei suboptimalen Distanzen zu trainieren, empfiehlt es sich, am bewegten Sandsack bei kurzen Distanzen oder an der Armpratze zu trainieren.

Die persönliche Einschätzung des Autors geht dahin, dem Vollkontakt-Modus als Basis den Vorzug zu geben, da das Nullkontakt-Merkmal nur *eine* mögliche Variante der Sportkampfausübung darstellt. Die dahinter stehenden pädagogischen Intentionen wie die Achtung vor dem Gegner und die Ausschaltung der Verletzungsgefahr lassen sich genauso gut, wenn nicht noch besser mit einer angemessenen Schutzausrüstung verwirklichen wie das im modernen Taekwondo der Fall ist. Der in den Nullkontakt-Stilen beschrittene Weg führt dazu, wie Pflüger, 6. Dan Shotokan Karate-Do und eher dem traditionellen Lager zuzuordnen, anschaulich beschreibt,

„[...] daß durchaus jemand den Schwarzgurt im Karate machen konnte, ohne jemals gegen ein tatsächliches Ziel geschlagen, getreten oder gestoßen zu haben. [...] Man kann einfach nicht erwarten, daß man im Ernstfall plötzlich etwas kann, was man nie geübt hat, nämlich kraftvoll und sicher ein festes Ziel tatsächlich zu treffen! Das ist auch durch Partnerübungen, bei denen man dem Partner ja nie richtig trifft, nicht zu erreichen."[218]

Im Taekwondo wird diesem Sachverhalt durch den Einsatz von Hilfsmitteln Rechnung getragen.

---

[217] La Tourette c, 1982, 67

[218] Pflüger a, 1982, 48

2.7 Die Anwendung der Techniken zur Punkterzielung

Je nach Situationskonstellation unterliegt die Anwendung der Techniken als Einzeltechnik, Kombination oder Serie bestimmten Prinzipien. Die punktrelevanten Kampfhandlungen können erfolgen als:

a) *Direkter Angriff*, d.h. die vorbereitenden Parameter in einer Situation erlauben das direkte Ausschlagen einer Technik, die zum Punkt führt.

b) *Unaufhörlicher Angriff*

In dieser Angriffsform wird der Gegner kurzfristig mit einer Technikserie angegriffen, die bis zu fünf, sechs Techniken enthalten kann. Es handelt sich hierbei nicht um blindes Drauflosschlagen, sondern der Angreifer versucht, den Gegner mit Angriffen zu „überfüttern", um eine punktbringende Attacke ins Ziel zu bringen.

c) *Finte - Angriff*

Durch die Finte wird eine Lücke beim Gegner geschaffen, die mit dem eigentlichen Angriff ausgenutzt wird. Es handelt sich um die Ausnutzung einer mit hoher Wahrscheinlichkeit auftretenden Situation, die dadurch antizipiert werden kann.

d) *Angriff - Reaktion - Angriff*

Diese Angriffsform erfordert ein gut entwickeltes Wahrnehmungs- bzw. Antizipationsvermögen. Je nach Art der Reaktion des Gegners auf den ersten Angriff wird der zweite Angriff in der Kombination vorgetragen.

Unter dem Aspekt der Punkterzielung gewinnen auch die Konter offensiven Charakter, vor allen Dingen dann, wenn die Aktion, auf die oder während der der Konter erfolgt, vom Angreifer provoziert wurde. Nach der zeitlichen Relation zum Angriff werden folgende Konterformen unterschieden:

e) *Nachzeitiger Konter*

Nach Abwehr oder Ausweichen erfolgt der Konter. Es handelt sich hierbei um die traditionelle Form, wie sie von der zeitlichen Struktur her im Modelltraining gelehrt wird.

f) *Gleichzeitiger Konter (Para-/Pada-Techniken)*

Im Zuge der Dynamisierung des Wettkampfgeschehens ist eine Differenzierung in Angriff und Konter zunehmend schwieriger geworden. Die Para-/Pada-Techniken (gleichzeitig mit dem Angriff durchgeführte Konter) stellen hohe Anforderungen an Wahrnehmung, Antizipation und Timing.

g) *Vorzeitiger Konter*

Bei den vorzeitigen Kontern ist der Unterschied Angriff - Konter völlig verwischt. Meist handelt es sich um Techniken zweiter Absicht, bei denen der Kämpfer die motorischen Verhaltensweisen des Gegners antizipiert hat.

2.8 Die Kyorugi-Techniken im Taekwondo als motorische Lösungen der Kampfaufgabe

Die Kyorugi-Techniken bilden das Kernstück der technisch-taktischen Handlung, da sie die Aufgabe, Treffer und damit Punkte zu erzielen, erfüllen. Seit der Gründung der WTF (World Taekwondo Federation) im Jahre 1973[219] haben sich, bedingt durch den Vollkontakt-Modus, in dem der sportliche Wettkampf stattfindet, Wettkampftechniken herauskristallisiert, die eine z. T. nicht unerhebliche Modifikation der modellmäßigen Grundtechniken darstellen. Unter den Bedingungen des Sportkampfes mit der Kampfweste hat sich weiterhin gezeigt, dass nicht alle Grund- bzw. Modelltechniken unterschiedslos geeignet sind, als Punktlieferanten im Wettkampf zu dienen. Das Repertoire der wettkampfrele-

---

[219] vgl. WTF, 1986, 29

vanten Techniken besteht aus acht Techniken,[220] die jedoch durch individuelle Variationen als Kombinationen und Serien von Techniken, in Verbindung mit Täuschmanövern, Stepps, in verschiedenen Rhythmen vorgetragen, eine unübersehbare Fülle von Anwendungsmöglichkeiten bieten. Die Lehrweise dieser Techniken verlangt vom Lehrer das Aufzeigen der Unterschiede zur Modelltechnik und ihre Begründung durch die speziellen Gegebenheiten der Anwendung. Erfahrungsgemäß bereitet es den Schülern, besonders zu Beginn des Trainings, Schwierigkeiten, den Grund zu verstehen, warum sowohl die Modellform einer Technik als auch die Kyorugi-(Anwendungs)Form einer Technik gelehrt werden. In manchen Fällen ist es den Schülern auch nicht möglich, diese zwei Varianten nur als aufgabenangemessene Modifikationen einer einzigen Technik zu begreifen.

Die Techniken werden so abgehandelt, dass

a) eine Bewegungsbeschreibung mit den Formkriterien erfolgt
b) typische Fehler aufgezeigt werden
c) eine Fehlerkorrektur erfolgt.

2.8.1 Paltung-Chagi (Spanntritt zum Bauch)

a) Bewegungsbeschreibung und Formkriterien

Aus der Kampfstellung wird das Knie schräg vor den Körper hochgerissen (bis ungefähr in Gürtelhöhe). Gleichzeitig *klappt die Ferse des gestreckt gehaltenen Trittfußes zum Gesäß*. Durch gleichzeitiges *ruckartiges Vorschieben des Beckens* und Eindrehen auf dem Standbein (Ferse deutet in Richtung des Gegners) kommt der Körper in eine *Bogenspannung*, die sich auf das Trittbein überträgt. Getroffen wird mit dem Fußspann. Der Paltung-Chagi ist z. Zt. die wichtigste Technik im Sportkampf, weil er

„• [...] schnell und wegen seines kurzen Wegs zum Ziel wenig energieaufwendig ist.

---

[220] vgl. Park, 1984

- vielseitig aus schnellen Schrittkombinationen heraus im aktiven und reaktiven Kampfsituationen einsetzbar ist.
- wegen der schwierigen Abwehr oft Punkte bringt.
- weil er sehr gut mit allen gebräuchlichen Fuß-, Faust- und Schritt-Techniken kombinierbar ist."[221]

Pratze vor dem Körper

Pratze am Körper

b) Typische Fehler	c) Fehlerkorrektur
- keine Bogenspannung - Hüfte wird eingeknickt - Standbein wird nicht gebeugt, gehalten und eingedreht	- Fußspann des Trittbeins wird mit der eigenen Hand aufgefangen und gehalten und die Hüfte vorgeschoben. Durch das plötzliche Abstoppen des gebeugten Trittbeins entsteht eine Bogenspannung und die Schulterachse wir durch die Gegenbewegung des Auffangens stabilisiert. - Angriff auf die Pratze aus größerer Entfernung

---

[221] Park, 1984, 54

2.8.2 Dollyo-Chagi (Halbkreisfußtritt zum Hals oder Kopf)

a) *Bewegungsbeschreibung und Formkriterien*

Eingeleitet wird die Bewegung beim Dollyo-Chagi durch eine Bewegung der Hüfte *von unten nach oben vorwärts*, der die Bewegungen von Knie und Fuß sukzessive nachfolgen. Das Bewegungsmuster von Knie und Fuß ist in geringen Variationen dasselbe wie für den Großteil der Fußtechniken. Ein Anreißen des Knies vor die Körpermittellinie (=schräg vorwärts aufwärts) wird durch ein *Anfersen* des Trittfußes zum Gesäß begleitet. Die dadurch erreichte Vordehnung wird zur stärkeren Kraftentfaltung im Tritt verwandt. Der Tritt wird durch ein *scharfes Einwärtsdrehen der Hüfte* verbunden mit einer *peitschenartigen Streckung des Beins* ausgeführt. Dieses Eindrehen der Hüfte ist nur möglich, wenn die *Ferse des Standbeins* in Richtung des Gegners gedreht wird. Zur Stabilisierung des Körpers ist eine *Gegenbewegung* der Schulterachse mit einer *Anspannung der unteren Rückenmuskulatur* vonnöten (fast Hohlkreuzhaltung). Der Lehrer muss darauf achten, dass die Hände zur Unterstützung der Gegenbewegung (im Sinne einer Koordinierung von Teilimpulsen) oberhalb des Solar-Plexus-Niveaus gehalten werden.

Eine Variation stellt der sogenannte „Fußball-Dollyo-Chagi" dar,[222] bei der der Fuß durchgezogen wird (ohne Gegenbewegung der Schulterachse), d.h., es erfolgt eine Drehung um 360° bei nicht erfolgtem Kontakt. Diese Variation sollte allerdings Fortgeschrittenen vorbehalten bleiben, nachdem sie die Grundform gemeistert haben.

an der Pratze

im Sparring

---

[222] vgl. Park, 1984, 98

b) Typische Fehler	c) Fehlerkorrektur
- Hüfte und Standbein werden nicht genügend eingedreht - Oberkörper wird nicht aufrecht gehalten und wird in die dem Tritt abgewandte Seite abgeknickt - Gegenbewegung von Schulterachse und Armen fehlt - Eindrehen des Oberkörpers erfolgt zu früh und zu weit, dadurch verliert der Tritt an Kraft - Standbein wird durchgestreckt, um Höhe zu gewinnen, statt gebeugt zu bleiben	- Alleiniges Anreißen des Knies ohne Eindrehbewegung üben - Mit Hilfe des Partners oder Abstützen an der Wand wird die Endrehbewegung langsam geübt. Dadurch auch gleichzeitig Training der Haltemuskulatur

2.8.3 Dwit-Chagi (Rückwärtstritt)

a) *Bewegungsbeschreibung und Formkriterien*

Der Rückwärtstritt wird durch *Anklappen der Ferse* des Trittbeins zum Gesäß eingeleitet. Begleitet wird diese Bewegung durch ein *Absenken des Schwerpunkts*, d.h., das Standbein wird etwas gebeugt. Ohne Unterbrechung wird das Trittbein *geradlinig* nach hinten, etwas *nach innen*, gestoßen. Es ist darauf zu achten, dass die Oberschenkel so lange wie möglich Kontakt halten („Oberschenkel müssen aneinander vorbeischleifen"). Die untere Rückenmuskulatur wird angespannt, der Oberkörper wird aufrecht gehalten (leichte Bogenspannung). Die Blickrichtung während des Tritts ist entweder genau entgegengesetzt der Trittrichtung oder der Kopf wird nur um 90° gedreht und die Sichtkontrolle erfolgt aus den Augenwinkeln. Wird der Kopf *weiter* gedreht, folgt der Körper nach und ein geradliniger Tritt wird, speziell für Anfänger, nur schwer möglich.

Der Dwit-Chagi nimmt eine Sonderstellung unter den Tritten ein, weil eine visuelle Kontrolle durch den Ausführenden nicht stattfinden kann. Für den Lehrer ergibt sich deshalb die Aufgabe, durch geeignete Maßnahmen die entsprechenden kinästhetischen Empfindungen herauszubilden. Der Dwit-Chagi wird im Sportkampf zumeist aus einer Drehung um 180° als Bestandteil einer Kombination oder als Kontertechnik ausgeführt.

b) Typische Fehler	c) Fehlerkorrektur
- Trittbein wird nicht geradlinig nach hinten innen gestoßen - Körper wird während des Trittes gedreht, dadurch kommt ein schlingernder Tritt zustande - Schüler steht während des Tritts auf den Zehenspitzen bei durchgedrücktem Bein	- Lehreranweisung: „Die Oberschenkel schleifen aneinander vorbei!" - Die Schulter auf der Seite des Trittbeins wird während der Ausführung in die Gegenrichtung des Trittes gestoßen (Überkorrektur) - Lehrer korrigiert durch Handauflegen oder lässt unter einem Hindernis hindurch treten

2.8.4 Miro-Chagi (Schubtritt)

a) *Bewegungsbeschreibung und Formkriterien*

Der Miro-Chagi stellt eine Sonderform des grundschulmäßigen Ap-Chagis (Vorwärtstritt) dar. Seine Funktion im Sportkampf besteht darin, einen fest stehenden Gegner aus dem Gleichgewicht zu bringen, um eine Folgetechnik anwenden zu können oder den Gegner zu Fall zu bringen, um einen Punkt zu erzielen. Angriffsziele sind vorderer Rumpf, Flanken und unterer Rücken mit Ausnahme der Wirbelsäule. Auftrefffläche ist die Ferse oder die gesamte Fußsohle. Zur Ausführung wird das Knie des Trittbeins *so hoch wie möglich vor die Brust gerissen*, Ober- und Unterschenkel bilden einen *möglichst spitzen Winkel*, der Oberkörper mit dem Kopf wird *leicht nach vorn gebeugt*, das Standbein ist gebeugt. Durch Abdruck aus dem Standbein verstärkt, wird das Trittbein geradlinig und ruckartig nach vorne gestreckt. Durch das vorherige hohe Anreißen des Knies ist die Angriffsbahn der Ferse *leicht abwärts geneigt*. Der Schub der Hüfte nach vorn wird durch ein *Zurücklehnen des Oberkörpers* unterstützt.

b) *Typische Fehler*	c) *Fehlerkorrektur*
- Knie wird nicht hoch genug angerissen, dadurch ist keine geradlinige Trittausführung mehr möglich - Winkel zwischen Oberschenkel und Unterschenkel des Trittbeins ist zu groß - Verlust des Gleichgewichts bei Kontakt	- Treten über ein Hindernis (Gürtel, Bank, Seilchen) - Platzierung des Hindernisses nahe vor dem Schüler, der dadurch gezwungen wird, den Trittfuß nahe am Standbein hochzureißen - Übungen an der Armpratze und am Sandsack

2.8.5 Naeryo-Chagi (Fußabwärtsschlag)

a) *Bewegungsbeschreibung und Formkriterien*

Der Naeryo-Chagi ist ein Fußabwärtsschlag, der mit der Fußsohle oder mit der Ferse ausgeführt wird. Ziele sind der Kopf- oder Halsbereich des Gegners. Das Trittbein wird *locker* und *im Kniegelenk gebeugt* geradlinig nach vorn oben geschwungen. Der Oberkörper wird *gerade* bis ein *wenig zur dem Tritt entgegengesetzten Seite geneigt* gehalten.

Befindet sich der Trittfuß über dem Zielniveau, erfolgt eine *ruckartige Streckung und Anspannung des Trittbeins und des unteren Rückens*. Unter Vorschieben der Hüfte und Eindrehen des Standbeins (Ferse in Trittrichtung) erfolgt ein Abwärtsschlag.

Variationen dieses Tritts bestehen darin, dass das Trittbein in einer leichten Kreisbahn von innen nach außen oder umgekehrt hochgeschwungen wird, um dann in den Abwärtsschlag überzugehen.

> „Um die Geschwindigkeit und die Schlagkraft des Naeryo-Chagis noch zu erhöhen, kann man die Hand der Seite, die die Technik ausführt - z. B. rechter Fuß - rechte Hand - auf den Oberschenkel legen und vom höchsten Punkt an bis zu einem Winkel von 90° - je nach Zielabstand - Druck ausüben. Das Knie sollte auch die Schultern berühren, und es ist wichtig, daß der Druck nicht vorher ausgeübt wird, weil sonst die Geschwindigkeit auf dem Weg nach oben abgebremst wird, was die Wirkung des Schlages vermindert."[223]

---

[223] Park, 1984, 107

b) *Typische Fehler*	c) *Fehlerkorrektur*
- Trittbein wird nicht gebeugt und entspannt hochgeschwungen - Oberkörper wird zu weit seitlich geneigt - Fußabstand nach Beendigung der Technik ist zu groß - Verlust des Gleichgewichts durch ruckartiges Durchstrecken des Standbeins	- Hochreißen des Beins nahe vor einem Hindernis - Üben des Naeryo-Chagi mit der Standbeinseite in der Nähe einer Wand - Kontrolliertes Nachziehen des Standbeines (Sliding) - Handauflegen des Lehrers oder Partners auf den Kopf des Schülers, um zu vermeiden, dass das Standbein gestreckt wird

2.8.6 Yop-Chagi (Seitwärtstritt)

a) *Bewegungsbeschreibung und Formkriterien*

Im traditionellen Taekwondo-Wettkampf war der Yop-Chagi eine der beliebtesten Techniken, da er eine große Reichweite mit hoher Schlagkraft verbindet. Durch die bewegliche Kampfführung des modernen Taekwondo, durch die Entwicklung des Paltung-Chagi und durch die Tatsache, dass der Yop-Chagi eine relativ langsame Technik ist, hat er an Bedeutung verloren. Er wird derzeit hauptsächlich als Kontertechnik, als Miro-Yop-Chagi (seitlicher Schubkick) oder als Pada-Yop-Chagi (Yop-Chagi, der gleichzeitig mit der Technik des Gegners als Konter getreten wird) eingesetzt.

Aus der Kampfstellung wird das hintere Knie *schräg nach oben vor die Körpermittellinie* gerissen. Sobald der Trittfuß von vorne gesehen auf der Höhe des Standbeinknies oder etwas davor ist, wird der ganze Körper ruckartig eingedreht und die Fußkante in der Nähe der Ferse geradlinig zum Ziel gestoßen. In der Endphase bildet der ganze Körper von oben gesehen eine Linie: Schulter, Hüfte und Ferse des Trittfußes liegen auf einer Geraden. Die Ferse des Standbeins ist zum Gegner gedreht, die Zehen zeigen in die entgegengesetzte Richtung, der Rumpf steht seitlich zum Gegner. Ein Indikator für die richtige Haltung des Körpers bildet die Trittfußhaltung. Die Zehen sollten tiefer als die Ferse stehen.

b) Typische Fehler	c) Fehlerkorrektur
- Körper bildet von oben gesehen keine Linie - Ferse des Standbeins ist nicht weit genug eingedreht - Zehen des Trittfußes stehen höher als die Ferse	- Bewegungsvorstellung schaffen durch Vorbild, Skizzen, Video - Technik langsam mit Unterstützung üben lassen; Herstellung der richtigen Endphase durch „Modellieren" am gehaltenen Partner

Bewegungstechnisch mit dem Yop-Chagi verwandt ist der Huryo-Chagi (Hakentritt). Der Beginn ist derselbe wie bei Yop-Chagi, nur ist die Bahn des Fußes nicht geradlinig, sondern verläuft leicht gekrümmt. Zuerst wird der Fuß wie bei Yop-Chagi herausgestoßen, so, als ob man knapp am Kopf vorbei stoßen wollte. Kurz vor der vollständigen Streckung des Kniegelenks wird die Hüfte scharf eingedreht und die Ferse oder Fußsohle wird mit einer hakenden Bewegung ins Ziel (Kopf oder Hals) gebracht. Die Wirkung des Trittes beruht darauf, dass man überraschenderweise „um die Ecke herum" tritt. Ein Problem ist die

überraschenderweise „um die Ecke herum" tritt. Ein Problem ist die genügende Kraftentfaltung, die nur durch genau aufeinander abgestimmte Aktionen von Hüfte und Trittbein zu erreichen ist.

2.8.7 Pandae-Dollyo-Chagi (Fersendrehschlag)

a) *Bewegungsbeschreibung und Formkriterien*

Der Pandae-Dollyo-Chagi /Momdollyo-Huryo-Chagi ist eine Technik, die aus der Drehung ausgeführt wird. Aufgrund des langen Weges eignet er sich deshalb in erster Linie als Bestandteil einer Kombination oder als Kontertechnik. Diese Technik stellt hohe Anforderungen an die koordinativen Fähigkeiten und wird daher erst nach langem Training gemeistert.

Aus der Kampfstellung wird das vordere Bein *auf dem Fußballen nach innen* gedreht, bis die Ferse in Richtung des Gegners zeigt. Gleichzeitig erfolgt eine *Absenkung des Körperschwerpunktes* (Amortisationsphase). Die Körperdrehung wird durch rasche *Drehung des Kopfes* (Steuerfunktion!) eingeleitet, die sich korkenzieherähnlich von oben nach unten auf den Körper überträgt. Sobald der eigene Rücken dem Gegner zugewandt ist, wird die Ferse des Trittbeins zum Gesäß geklappt. Während der weiteren Drehung wird das Bein gestreckt. Fußsohle oder Ferse treffen auf, wenn die Drehung soweit vollzogen ist, dass die Schulterachse einen Winkel von 90° zum Gegner einnimmt, ähnlich wie bei Yop-Chagi. Das gestreckte Bein schlägt parallel zum Boden durchs Ziel, um sofort danach angebeugt und nach vorne oder hinten abgesetzt zu werden. Die Schwierigkeit bei dieser Technik - ähnlich wie bei Dwit-Chagi - liegt darin, dass Teile der Technikausführung der visuellen Kontrolle des Schülers entzogen sind. Der Lehrer muss bei der Einführung eine exakte Bewegungsvorstellung schaffen und analytisch-synthetisch vorgehen, indem er die Drehung und das Ausfahren des Beins getrennt üben lässt. Darüber hinaus sollte die Technik erst nach Meisterung der Grobform des Yop-Chagis eingeführt werden, um die Bewegungsverwandtschaft beider Techniken ausnutzen zu können.

b) *Typische Fehler*	c) *Fehlerkorrektur*
- Drehung erfolgt nicht „korkenziehermäßig" von oben nach unten - Beineinsatz ist zu früh oder zu spät - Technik wird ohne Amortisationsphase durchgeführt	- Geeignete Bewegungsvorstellung schaffen durch Lehrervorbild, Video, Skizzen und Übung von Teilbewegungen wie Drehungen - Ausführung des Trittes in Kniehöhe, die allmählich in der Höhe gesteigert wird

2.8.8 Jumok-Chirugi (Fauststoß)

Durch die Wettkampfordnung festgelegt zählen im Sportkampf nur gerade Fauststöße, die zum Rumpf gezielt gestoßen werden.[224] Durch diese Regelung und das Fehlen einer festen Begrenzung der Kampffläche, wie es z.B. bei einem Boxring der Fall ist, kommt der Fauststoß im Taekwondo nur als Bestandteil einer Kombination oder als Kontertechnik zum Einsatz. Die Regel besagt:

> „Ein Treffer mittels Fauststoß oder einer Fußtechnik auf die Kampfweste wird dann als Punkt gewertet, wenn der Getroffene infolge des Angriffs stürzt oder hinfällt."[225]

Als Punkt zählt laut Interpretation der Kampfrichter ein Fauststoß auch dann, wenn der Angegriffene strauchelt oder torkelt, d.h. allgemein gesprochen, wenn er Wirkung zeigt. Da der Kopf mit der Faust nicht angegriffen werden darf, ist die Situation für die Anwendung des Fauststoßes dann gegeben, wenn der *Gegner sich vorwärts bewegt* und sich die Kräfte addieren. Es haben sich unter den Wettkampfbedingungen zwei Varianten des Fauststoßes herausgebildet.

---

[224] vgl. DTU, 1990, 28
[225] DTU, 1990, 29

2.8.8.1 Pandae-Chirugi (Fauststoß auf der Seite des vorderen Beins)

Der kampfmäßige Fauststoß zeichnet sich im Gegensatz zum grundschulmäßigen Fauststoß dadurch aus, dass die freie Hand nicht zur Hüfte gezogen wird, sondern zum Kinn geht, während die andere Hand den Stoß ausführt. Da der Fauststoß primär reaktiv ausgeführt wird, erfolgt er in Kombination mit einer Deckungsbewegung.

a) Bewegungsbeschreibung und Formkriterien

Aus der Kampfstellung wird der hintere Deckungsarm nach unten zum Schutz der Mittel- und Unterstufe geklappt (*Arae-Makki*). Gleichzeitig wird der vordere Arm zurückgeführt, so dass sich der *Daumen der Faust in der Höhe der Schlüsselbeingrube* befindet (Prinzip der Gegenbewegung). Ein *Ausfallschritt schräg vorwärts* bringt den Körper aus der Kampflinie. Um eine möglichst große Wirkung zu erreichen und das eigene Körpergewicht zur Verstärkung des Fauststoßes einsetzen zu können, muss der Fauststoß treffen, *bevor* der vordere Fuß den Boden berührt. Dieser Art der Ausführung liegt die Theorie des sogenannten „Falling Steps" zugrunde.

„Jeder Schritt ist ein kleiner Fall. Deshalb der Ausdruck ‚Falling Step'. Hier geht es darum, daß das Körpergewicht, das nach unten wirkt, zum Fauststoß nach vorne eingesetzt wird. Wichtig dabei ist, daß der Fuß auf gar keinen Fall abgesetzt werden darf, bevor unsere Faust den Gegner trifft....

1. Faust und Fuß bewegen sich nach vorne.
2. Die Faust ist etwas schneller als der Fuß.
3. Die Faust trifft etwas vorher bzw. gleichzeitig mit dem Aufsetzen des Fußes. Auf gar keinem Fall darf der Fuß zuerst aufsetzen, sonst haben Sie die Schwerkraft vergeudet!"[226]

Während der Fauststoß ausgeführt wird, klappt der Deckungsarm mit der Faust zum Kinn zurück, um den Kopf zu schützen. Es ergibt sich eine doppelte Ausführung von Gegenbewegungen für die gesamte Technik.

---

[226] Kernspecht, 1987, 81

b) *Typische Fehler*	c) *Fehlerkorrektur*
- Fauststoß erfolgt nicht geradlinig - Fauststoß trifft, *nachdem* der vordere Fuß den Boden berührt hat - Deckungsverhalten ist mangelhaft	- Schaffung einer klaren Bewegungsvorstellung - Zeitlupentraining der einzelnen Phasen

2.8.8.2 Paro-Chirugi (Fauststoß auf der Seite des hinteren Beins)

Während beim Pandae-Chirugi die Kraftentwicklung aus einer Translation des Körperschwerpunktes mit einer Ausnutzung der Schwerkraft resultiert, beruht die Kraftentfaltung des Paro-Chirugi auf einer Rotation des Rumpfes um die Längsachse der vorderen Körperseite.

a) *Bewegungsbeschreibung und Formkriterien*

Aus der Kampfstellung wird ein kleiner Ausfallschritt mit Abwehr nach unten (Arae-Makki) auf der Seite des vorderen Beins ausgeführt. Die hintere Faust ruht in Höhe des Kinns. Sobald der vordere Fuß zum Stand gekommen ist, wird die hintere Hüfte mit einer scharfen Rotationsbewegung eingedreht. Die Faust verlässt das Kinn und wird geradlinig zur gegnerischen Körpermittellinie gestoßen. Gleichzeitig wird der abwehrende vordere Arm zur Deckung zum Kinn zurückgezogen. In der Endphase steht die *Ferse des hinteren Fußes senkrecht über den Zehen* oder ist sogar *leicht auswärts gerichtet*.

b) Typische Fehler	c) Fehlerkorrektur
- Körper steht nicht aufrecht und wird nach vorne gebeugt - Ferse steht nicht senkrecht oder nach außen geneigt - Fauststoß erfolgt auf einer Kreisbahn und nicht geradlinig - Hüfte wird zu langsam eingedreht	- Klare Bewegungsvorstellung schaffen - Üben in Zeitlupe - Üben von Einzelphasen

2.9 Der Einsatz von Hilfsmitteln in der Trainingspraxis

Unter Hilfsmitteln sollen alle diejenigen Geräte verstanden werden, die es ermöglichen

a) die Techniken im Vollkontaktmodus auszuführen und deren Präzision und Härte zu verbessern. Hierunter fallen Hilfsmittel im weiteren Sinne:

- Handpratze,
- Armpratze,
- Sandsack.

b) Teilbereiche aus dem technisch-taktischen und konditionellen Umfeld zu trainieren, z.B.

- Spiegel,
- Sprungseil,
- Fahrradschlauch,
- Deuserband.

Als dritte Gruppe ist
c) die Schutzausrüstung anzusehen.

2.9.1 Die Handpratze

Eine Handpratze ist ein Schlagpolster mit einem Einschlupf für die Hand. Die Handpratze ermöglicht sowohl rein technisches als auch technisch-taktisches Training. Darüber hinaus bietet sie dem Pratzenhalter genügenden Schutz. Sie dient zur Markierung von Zielen, die mit voller Kraft und aus der richtigen Distanz angegriffen werden müssen. Je nach Trainingsstand der Schüler bieten sich für den Pratzenhalter folgende Möglichkeiten der Pratzenhaltung an:

a) kurz vor dem Körper

Bei nicht zureichender Treffsicherheit der Schüler werden die Zielflächen mit der Pratze *vor/neben* dem Körper markiert, um einerseits dem Schüler die Hemmungen zu nehmen, eventuell den Pratzenträger zu treffen, andererseits zur Verletzungsprophylaxe des Pratzenhalters. Der Nachteil dieser Art der Pratzenhaltung besteht darin, dass nicht gleichzeitig ein kampfgerechtes Blickverhalten geschult werden kann (d.h. den Blick nicht auf die Zielflächen zu richten)

b) *am Körper*

Die Ziele werden mit der Handpratze *am* eigenen Körper markiert. Diese Trainingsweise ist den Fortgeschrittenen vorbehalten. Der Pratzenträger hält die Pratze derart, dass der Schüler realitätsnah angreifen kann. Da die Distanz der richtigen Kampfdistanz entspricht, können sowohl *Blickverhalten* als auch *taktische* Varianten einer Technik optisch geübt werden. So früh wie möglich sollte der Lehrer zu dieser Halteform übergehen. Techniken, deren Trefferfläche *nicht* am Körper markiert werden, sind Fußschläge, die durchgezogen werden wie Pandae-Dollyo-Chagi (Fersendrehschlag) und Naeryo-Chagi (Fußabwärtsschlag). Bei diesen Techniken wird die Pratze *widerstandslos* vor dem Körper gehalten, um das Knie des Trittbeins durch Überstreckung nicht zu gefährden.

2.9.1.1 Das Training von Einzeltechniken an der Handpratze

Werden die Kyorugi-Techniken an der Handpratze geübt, so besteht der Trainingsinhalt neben der richtigen Technikausführung darin, die Distanz zum Ziel richtig einzuschätzen und mit genügender Härte und Präzision zu treffen. Für das Training der Einzeltechniken an der Handpratze haben sich die folgenden Formen als sinnvoll herausgestellt:

a) Der Schüler steht in lockerer entspannter Kampfstellung und führt die zu übende Technik mit dem *vorderen* oder dem *hinteren* Bein ohne vorbereitende Stepps oder Gleichgewichtsverlagerungen aus (sogenanntes „Schusstraining"). Diese Trainingsform bietet gleichzeitig die Möglichkeit, die Funktionalität der

Kampfstellung zu überprüfen. Ist z.B. eine Technik mit dem vorderen Bein ohne Initialbewegung nicht möglich, so lässt das darauf schließen, dass die Kampfstellung von ihrer Gewichtsverteilung, dem Abstand der Füße, der Beugung der Knie u.a.m. her mangelhaft ist. Im Anfängerstadium des Schülers steht der Pratzenträger fest an seinem Ort, d.h., der *Pratzenabstand zum Schüler ist vorgegeben*. In diesem Stadium besteht das Trainingsziel darin, ein Gefühl für die eigene Reichweite bei gleichzeitiger Schulung der korrekten Technik unter Vollkontaktbedingungen zu entwickeln. Durch das typische Pratzengeräusch bei korrektem Auftreffen der Technik bekommt der Schüler gleichzeitig eine Rückkopplung über Schlagkraft und Auftreffwinkel. Erfahrungsgemäß bereitet es im Anfängerstadium große Schwierigkeiten, Techniken „mit dem ganzen Körper" auszuführen, d.h. mit explosivem Eindrehen der Hüfte, da sich der Schüler zu sehr auf die Schlagbewegung der Beine konzentriert. Der Lehrer kann dieses Problem dadurch in den Griff bekommen, dass er individuell einen größeren Abstand zur Pratze festlegt, der den Schüler zwingt, die Hüfte vorzuschieben, um den größeren Abstand zu überbrücken. Der Lehrer kann durch ein Hindernis (in Solar-Plexus- bis Hüfthöhe gehaltener Gürtel oder Sprungseil), unter dem hindurchgetreten werden muss, ein Vorschieben der Hüfte provozieren.

b) Werden die Techniken in Grobform beherrscht, kann der Lehrer dazu übergehen, verschiedene *Signale* als Auslöser der Technik anzuwenden (Pfiff, Händeklatschen, in Dreier-Gruppen üben lassen, ein Schüler steht hinter dem Ausführenden und tippt ihm auf die Schulter u. a.)

c) Mit zunehmender Sicherheit in der Ausführung wird eine weitere Erschwerung in Form der *Distanzvariation* durch den Pratzenträger eingeführt. Die Distanzregulation durch den Schüler, der die Technik ausführt, soll durch einen kleinen Stepp oder „sliding" durchgeführt werden können. Die Technik und das ausführende Bein werden vorgegeben.

d) Weitere Steigerungen sind in einer schrittweisen *Erhöhung der Ungewissheit* beim ausführenden Schüler darüber, welche Pratzenhaltung vorgegeben wird, zu erreichen:

- Technik vorgegeben, Distanz ungewiss, Seite ungewiss
- 2, 3, 4 mögliche Techniken, Distanz fest, Seite ungewiss
- 2, 3, 4 mögliche Techniken, Distanz ungewiss, Seite fest
- 2, 3, 4 mögliche Techniken, Distanz ungewiss, Seite ungewiss
- Technik ungewiss, Distanz ungewiss, Seite ungewiss

e) In der letzten Stufe bewegen sich beide wie beim Sparring und auf die exakte Markierung einer Trefferfläche durch den Pratzenträger *vor* oder *am* eigenen Körper erfolgt ohne Verzögerung die entsprechende Technik. Ist die Distanzregulation durch „sliding" nicht möglich, so sollen die erforderlichen Stepps knapp und ökonomisch ausgeführt werden.

2.9.1.2 Die Trainingsweise kombinierter Kyorugi-Techniken an der Handpratze

Werden Kombinationen von Kyorugi-Techniken an der Pratze trainiert, so ergeben sich die folgenden Kriterien für deren Ausführung:

In Anlehnung an Meinel[227] sind die einzelnen Kyorugi-Techniken durch eine dreiphasige Grundstruktur, bestehend aus Vorbereitungsphase (Ausholphase), Hauptphase und Endphase, charakterisiert. Durch den Charakter des Zweikampfes und die taktische Notwendigkeit, eine Technik *ohne* Vorankündigung (sogenanntes „Telefonieren") ins Ziel zu bringen, muss die Ausholphase weitestgehend unterdrückt werden. Damit wird die optimale Verwirklichung biomechanischer Prinzipien nicht erreicht. In der beweglichen Taekwondo-Kampfführung hat sich eine Kompensation dieser Unterdrückung durch Einbettung der Vorbereitungsbewegung und ihre Tarnung durch geeignete Stepps (Ganzkörperbewegungen mit Verwringungen des Rumpfes in der Distanzregulation I) und Finten herausgebildet.

---

[227] Meinel, 1987

Werden Techniken zu Kombinationen oder Serien verbunden, so kommt es zu einer Phasenverschmelzung in der Weise, dass die Endphase der vorausgehenden Technik zur Vorbereitungsphase der folgenden wird. In der Lehrweise der Kombinationen muss der Lehrer auf diesen Sachverhalt hinweisen und die Ausführung von Kyorugi-Kombinationen danach lehren und beurteilen.

Unter der *Kombination* von Kyorugi-Techniken soll die Verbindung von zwei Techniken verstanden werden, während eine Serie drei Techniken oder (weniger häufig) mehr als drei Techniken beinhaltet.

Unter den Kombinationsmöglichkeiten lassen sich vier Zusammenstellungen herauskristallisieren:

a) Fuß - Fuß
b) Fuß - Hand
c) Hand - Fuß
d) Hand - Hand

Die Trainingspraxis der Kombinationen sollte nicht nur eine Technikschulung beinhalten, sondern gleichzeitig eine Schulung der Fähigkeit zur exakten Distanzeinschätzung, d. h. der Wahrnehmungs- und Analysefähigkeit in Bezug auf die Distanz, einbeziehen. Das wird dadurch erreicht, dass der Pratzenhalter bei jeder Wiederholung derselben Kombination leichte Variationen in den Distanzen einbaut. Z.B. ist die Distanz für die erste Technik festgelegt, für die zweite Technik besteht die *Distanz* in einer

- Distanzverkürzung zum Ausführenden hin (auf der Kampflinie und in Winkeln zur Kampflinie)
- gleichbleibenden Distanz
- Distanzverlängerung

Diese Trainingsmethode ist dazu geeignet, die Zielgenauigkeit zu erhöhen, die neben der notwendigen Beherrschung der Techniken eine *Funktion der Wahrnehmungspräzision ist.*

„Jede Wiederholung ist daher im Kampfsporttraining keine ‚Verlaufswiederholung', sondern eine ‚Zielungs-Wiederholung' mit minimaler Verlaufsvariierung, für die eben im Vollzug sensibilisiert werden soll, um die Bewußtheit der Form zu erarbeiten."[228]

In einem weitergehenden Schritt wird auch die Distanz für die erste Technik variabel gestaltet, so dass die Schüler nicht mit der Ausbildung von Kombinations-Stereotypen die wechselnden Situationen bewältigen können, sondern immer wieder gezwungen werden, die Ausführung der Kombinationen an der Pratze *situationsangemessen* zu gestalten. Ein so durchgeführtes Pratzentraining ist dazu geeignet, Schlaghärte, Wahrnehmungspräzision und Situationsangemessenheit zu schulen. Sukzessive lassen sich weitere Elemente wie verschiedene Stepps, Finten, Distanzregulation II in dieses Training einbauen.

Da Kombinationen auch eine *Fintierfunktion* erfüllen, können zu ihrer Charakterisierung Begriffspaare wie

- rechts/links - links/rechts
- niedrig/hoch - hoch/niedrig
- langsam - schnell
- geradlinige / stetig gekrümmte - stetig gekrümmte / geradlinige Angriffsbahn

herangezogen werden.

Die Bestandteile der Kombination können mit *verschiedenen Extremitäten* (z. B. Fuß - Faust) als auch mit der *gleichen Extremität* ausgeführt werden (Beispiele: Paltung-Chagi, Bein nach hinten absetzen, mit dem gleichen Bein Dwit-Chagi oder Ap-Chagi, ohne Absetzen des Beins Hochziehen zu Dollyo-Chagi zum Kopf).

---

[228] Tiwald, 1981, 58

Ein Beispiel für eine Fuß-Faust-Kombination:

Die Lücken in der Kampfstellung des Gegners, die durch die erste Technik geschaffen werden (mentale oder physische), nutzt man durch die zweite Technik aus.

Ein weiteres Mittel, Entfernungsbestimmung, Distanzregulation und spezielle Ausdauer zu schulen, besteht darin, mehrere Pratzenträger hintereinander oder in choreographisch beliebiger Form aufzustellen und die Schüler diesen „Parcours" durchlaufen zu lassen. Bei mehrmaliger Hintereinanderschaltung der gleichen Technik trägt diese Übungsform dazu bei, die Ganzheit „Distanzregulation und Technik" einzuschleifen, wobei spezielle Fehler in der Distanzregulation direkt offensichtlich werden.

Der zeitliche Abstand zwischen den beiden Techniken einer Kombination wird so gewählt, dass der Schüler in einer bestimmten Weise reagieren kann (vom Ausführenden antizipiert), die optimale Bedingungen für die Folgetechnik schafft.

a) *Kombination mit der gleichen Extremität mit Absetzen des Trittbeins*

Es handelt sich hierbei um Techniken zweiter Absicht, d. h., die erste Technik wird geschlagen (ohne unbedingte Trefferabsicht im Unterschied zu oben), um eine (antizipierte) Konteraktion oder Rückzugsaktion des Gegners zu provozieren. In dieser Phase erfolgt der eigentliche Angriff.

Gebräuchliche Kombinationen:

- Paltung-Chagi, nach dem Tritt wird das Bein *nach rückwärts abgesetzt*
- je nach Situation mit dem gleichen Bein Paltung-Chagi, Dwit-Chagi, Pandae-Dollyo-Chagi, Faust u. a.

Allgemeines Schema:

1	-	2	-	3
(scheinbare) Distanzverkürzung		Distanzverlängerung		Distanzverkürzung

Gegen einen sich zurückziehenden Gegner kann mit Angriffen mit dem gleichen Bein in verschiedenen Angriffsstufen vorgegangen werden.

b) Kombinationen mit der gleichen Extremität ohne Absetzen des Trittbeins (Doppeltechniken)

- I-Jung-Chagi (dieselbe Technik in verschiedenen Angriffsstufen)
- Ap-Chagi - Dollyo-Chagi
- Huryo-Chagi - Dollyo-Chagi und umgekehrt

ba) *Der zeitliche Abstand wird minimiert*, d.h., die Zeitspanne zwischen beiden Techniken ist zu klein, als dass der Gegner noch reagieren könnte (z. B. Paltung-Chagi - Paltung-Chagi, wobei direkt nach dem Auftreffen des ersten Tritts der zweite Tritt geschlagen wird, ohne das erste Trittbein erst wieder auf den Boden aufzusetzen (Dubaldangsang).

bb) *Nach der ersten Technik wird leicht verzögert*, um die zweite Technik dem Verhalten des Schülers entsprechend auszuwählen. Diese Art der Ausführung setzt ein großes Technikrepertoire, präzise Situationswahrnehmung und schnelle Entschlusskraft voraus.

cc)

c) Kombinationen mit verschiedenen Extremitäten

Jede Technik ist theoretisch mit jeder anderen kombinierbar, von der taktischen Zweckmäßigkeit her bieten sich jedoch nur bestimmte Kombinationsmöglichkeiten an. Kombinationen sollten niemals nur rein mechanisch trainiert werden.

2.9.2 Die Armpratze

Die Armpratze ist ein Trainingsgerät, das im Muay-Thai (Thai-Boxen) bevorzugt Anwendung findet. Durch ihre Größe und Schwere unterscheidet sie sich von der kleinen Handpratze. Während diese weniger zur Erzielung von Schlaghärte verwendet wird und mehr dazu dient, die Treffergenauigkeit zu erhöhen, werden die Techniken an der Armpratze mit maximalem Krafteinsatz ausgeführt, ähnlich wie am Sandsack. Auch Selbstverteidigungstechniken wie Ellbogenschläge, Kniestöße und Low-Kicks (Tritte mit dem Schienbein zu den Beinen und zum Körper) lassen sich mit der Armpratze sehr gut trainieren. Vorteile des Armpratzentrainings liegen darin, dass der Schüler sich auf *veränderbare Ziele* einstellen muss (in Erweiterung des Sandsacktrainings), auf die er mit *maximaler Kraftentfaltung* reagieren soll. Neben dem Trainingseffekt für den Ausführenden ist gleichzeitig eine Kraft- und Ausdauerschulung für den Armpratzenträger gewährleistet. Das Training mit der Armpratze lässt sich stationär oder aus der Bewegung ausführen. Empfehlenswert ist es, in Serien von sechs bis acht Wiederholungen zu arbeiten.

Zur Halteweise der Armpratze:

Der Daumen wird *über* den Handgriff gelegt, um Quetschungen zu vermeiden.

Aktionen mit der Armpratze[229]

---

[229] vgl. Schuyver, 1989, 23 f. / Rebac, 1985, 93 f. / Paschy, 1982, 86 ff. / Türnau, 1987, 42 ff.

2.9.3 Der Sandsack

Dieses Trainingsgerät dient analog zur Armpratze in erster Linie zum Aufbau der Schlagkraft. Trainiert werden die Techniken Pandae- und Paro-Chirugi, Paltung-Chagi, Dollyo-Chagi, Dwit-Chagi und Yop-Chagi. Fußschläge mit durchgedrücktem Knie wie Pandae-Dollyo-Chagi und Naeryo-Chagi sind aufgrund der Gefahr von Muskelfaserrissen und Sehnenzerrungen nicht am Sandsack zu trainieren.[230]

Mögliche Trainingsformen sind:

a) *Training am fixierten Sandsack*

Der Lehrer fixiert den Sandsack von der einen Seite, während der Schüler seine Technik ausführt. Da keine Probleme mit der Wahl des richtigen Zeitpunkts zur Anwendung der Technik auftreten, eignet sich diese Trainingsform für den Aufbau der Schlagkraft nach Meisterung der Grobform der Technik.

---

[230] vgl. Jung, 1984, 7

b) *Reaktionstraining am fixierten Sandsack*

Der Lehrer gibt durch Handzeichen die Stelle des Sandsacks an, die durch den Schüler getroffen werden soll. Von Seiten des Schülers ist anzustreben, die Zeitspanne zwischen dem Handzeichen des Lehrers und dem Anbringen der adäquaten Technik zu minimieren.

c)   *Einzeltraining am freipendelnden Sandsack*

Im Gegensatz zu der vorgegebenen Distanz der beiden vorgestellten Trainingsformen sind die Art und das Ausmaß des Zurückpendelns nach der Technik unklar. Bei dieser Trainingsform wird die Fähigkeit zur exakten Distanzeinschätzung mit der Wahl des richtigen Zeitpunkts für den Angriff geschult.

d)   *Partnertraining am freipendelnden Sandsack*

„Diese konditionell und technisch sehr anspruchsvolle Trainingsform stellt gewissermaßen die hohe Schule des Sandsacktrainings dar. Beide Partner agieren abwechselnd mit Einzel- oder Kombinationstechniken, so daß jeweils der Partner bestimmt, aus welcher Richtung der Sandsack in die Ausgangslage zurückschwingt."[231]

Durch die Fremdeinwirkung auf den Sandsack wird das Verhalten in unvorhergesehenen, überraschenden Situationen trainiert, wie es auch beim Sparring vorkommt.

Der Sandsack eignet sich zum Training von Einzeltechniken, Kombinationen und Serien, wovon hier noch einige vorgestellt werden:

- vordere Faust - hintere Faust - Paltung-Chagi

---

[231] Jung, 1984, 37

- Paltung-Chagi (nach vorn absetzen) - vordere Faust (Distanz beachten!) - hintere Faust (Hüfte weit eindrehen) - Dollyo-Chagi

- Paltung-Chagi (nach hinten absetzen) - Momdollyo-Yop-Chagi oder Dwit-Chagi

Zweckmäßig ist es, in sechser/achter Serien für jede Seite zu üben, wobei ein Richtwert von 3 mal sechs bis acht Wiederholungen für jede Seite anzustreben ist, der je nach Trainingszustand überschritten werden kann, aber nicht wesentlich unterschritten werden sollte.

2.9.4 Der Spiegel

Der Spiegel ist ein Hilfsmittel, das zur Schulung der

- Haltung
- Bewegung
- Technik eingesetzt wird.

Durch die Möglichkeit, seinen eigenen Bewegungsvollzug zu verfolgen, hat der Schüler eine direkte Rückkopplung über die genannten Kategorien. Voraussetzung ist eine klare Bewegungs- und Technikvorstellung, ohne die kein Soll-Wert existiert, an dem die aktuelle Ausführung gemessen werden kann.

Reichmann führt als *Ziele des Spiegeltrainings* auf:

„1. Durch die direkte Kontrolle kann besonders die Deckungsarbeit vor und in der Bewegung geschult und Schwachstellen in der Technikausführung können bewußt gemacht werden.

2. Technikfinten (im Ansatz, halbe oder ganze Finten) lassen sich in ihrer Wirksamkeit überprüfen.

3. Beinarbeit, Schrittwechsel, Meidbewegungen und Bewegungsfinten können ebenso gesondert und mit den Techniken geübt werden.

4. Das Spiegelbild stellt den Gegner dar und gestattet ein Reaktionstraining."[232]

Die Voraussetzungen und Inhalte des Spiegeltrainings kennzeichnen den Spiegel als ein Hilfsmittel des Fortgeschrittenen.

2.9.5 Das Sprungseil

Das Sprungseil dient zur *Verbesserung der Ausdauer* und der *Hand-Fuß-Koordination*. Es lässt sich gut beim allgemeinen Aufwärmen und zur Erzielung von „Leichtfüßigkeit" verwenden. Gleichzeitig schult es den richtigen Atem- und Bewegungsrhythmus. Bei der Ausführung des Seilchenspringens liegen die Oberarme am Körper, die Ellbogen berühren locker die Rippen. Das Durchschwingen des Seils erfolgt nur durch die Rotation der Handgelenke. Die Sprünge werden in lockerer Form fast nur aus den Fußgelenken ausgeführt unter minimaler Beteiligung der Kniegelenke. Beidbeinige Sprünge wechseln sich mit einbeinigen Sprüngen, Stellungswechseln u.ä. ab. Zur Fehlerkorrektur muss der Lehrer darauf achten, dass:

„1. die Sportler nicht zu hoch springen (es dürfen nur ganz kleine, höchstens etwa 5 cm hohe Hüpfer ausgeführt werden),

2. der Abdruck hauptsächlich nur aus dem Fußballen erfolgt und auf dem Fußballen gesprungen wird,

---

[232] Reichmann, 1982, 101

3. das Seil nur aus dem Handgelenk heraus geschwungen wird, vielfach nehmen die Sportler die Arme zu weit vom Körper und schwingen das Seil unter Einbeziehung der ganzen Arme,

4. die ganze Körperhaltung locker und ungezwungen ist, besonders in der ersten Zeit sind die Sportler sehr leicht verkrampft."[233]

Anzustreben ist eine Zeit von 3 x 3 Minuten Springdauer, entsprechend der Dauer eines Taekwondo-Kampfes.

2.9.6 Fahrradschlauch, Deuser-Band

Fahrradschlauch und Deuser-Band sind Trainingsmittel, die eingesetzt werden, um Schnelligkeit und Kraft der Fausttechniken und der geradlinigen Fußtechniken zu verbessern. Die Voraussetzung für den Einsatz dieser Hilfsmittel ist jedoch, dass die *Bewegungsbahn* der zu übenden Technik korrekt beibehalten werden kann, da sich sehr leicht Fehler einschleifen (Bewegungsbahn ist nicht geradlinig, Faust dreht sich schon am Anfang der Bewegung statt erst am Ende). Die Techniken sollen mit maximaler Schnelligkeit ausgeführt werden. Bei Ermüdung und/oder auftretenden Formmängeln der Technik ist die Übung abzubrechen.[234]

2.9.7 Die Schutzausrüstung

Im Kampftraining, Sparring und Wettkampf kommt eine Schutzausrüstung zum Einsatz, die aus Kopfschutz, Kampfweste, Tiefschutz, Unterarm- und Schienbeinschonern besteht. Für den Bereich der Schule ist in erster Linie der Einsatz von *Tiefschutz* und *Schienbeinschonern* zu empfehlen. Bei Vorhandensein von Kampfwesten ist ein Kampftraining mit härterem Körperkontakt möglich.

---

[233] Fiedler, 1971, 31

[234] vgl. Sebej, 1990, 126 / Kubota, 1980, 38 f.

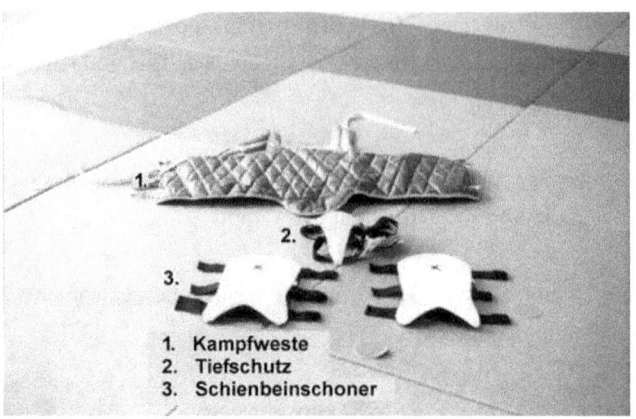

1. Kampfweste
2. Tiefschutz
3. Schienbeinschoner

2.10 Zur Theorie und Praxis der Distanzregulation II (Angriffssicherung)

Unter Distanzregulation II (Angriffssicherung) sollen im folgenden die Aktionen verstanden werden, die nach Anwendung von Einzeltechnik, Technikkombination oder Technikserie eingesetzt werden, um dem Gegner die Möglichkeit zu nehmen, seinerseits einen oder mehrere Treffer zu erzielen.

Da schon ab einem sehr frühzeitig erreichten Leistungsniveau beide Kämpfer darauf trainiert sind, Angriffe, die entlang der Kampflinie, dem „Kanal" gespanntester Konzentration,[235] erfolgen, gewissermaßen postwendend zu erwidern, muss den Aktionen, die dem eigenen Angriff folgen, besondere Aufmerksamkeit geschenkt werden, da sonst erzielte Treffer durch Gegentreffer aufgehoben werden.

Die theoretischen Ansprüche, die an die Distanzregulation II erhoben werden, stellen sich wie folgt dar:

---

[235] Pflüger, 1982, 60

- Die Angriffssicherung muss unkalkulierbar für den Gegner erfolgen.
- Sie muss entweder direkte neue Möglichkeiten zu eigenen Angriffen eröffnen oder Gegenaktionen des Gegners im Keim ersticken.

Es haben sich zwei Möglichkeiten herauskristallisiert, diese theoretischen Ansprüche zu erfüllen:

a) *Anwendung des Winkelprinzips nach dem Angriff*

Anwendung des Winkelprinzips zur Angriffssicherung bedeutet, daß man sich nach erfolgtem Angriff vom Gegner löst und hinter die KDL zurückzieht. Der Grundsatz hierbei ist es, sich niemals in dieselbe Richtung zurückzuziehen, aus der man angegriffen hat, da der Gegner in genau diese Richtung seine Gegenangriffe startet

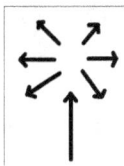   mögliche Richtungen nach dem Angriff

Dadurch, dass der Gegner mit seinem Konter nicht trifft, ergeben sich wieder eigene Möglichkeiten zum Angriff.

b) *Clinchen als Möglichkeit zur Immobilisierung des Gegners*

Unter Clinchen oder Klammern versteht man die größtmögliche Distanzverkürzung zum Gegner mit Körperkontakt. Durch die Taekwondo-Regeln,[236] die weder Würfe noch Knietritte oder Ellbogentechniken im Kampf erlauben, kann der Angreifer zum Gegner aufschließen und Gegenaktionen von dessen Seite un-

möglich machen. Zu beachten ist, dass kein Festhalten erfolgen darf, das nach den Regeln geahndet werden kann. Hat der Angreifer erst einmal den Körperkontakt erreicht, ist es ihm möglich, über seinen taktilen und kinästhetischen Regelkreis[237] Informationen über versuchte Positionsveränderungen des Gegners zu erhalten und adäquat darauf zu reagieren. Im Wettkampf erfolgt auf das Clinchen eine Trennung durch den Kampfrichter und eine Neuaufnahme des Kampfes.

Trainingsmethoden

- Leichtes Sparring mit verteilten Rollen des Angreifers und Verteidigers. Der Angreifer erhält die Aufgabe, sich entweder unter Beachtung des

---

[236] vgl. WOT, 1990

[237] vgl. Meinel, 1987, 65 ff.

Winkelprinzips vom Verteidiger zu lösen oder zu clinchen. Der Verteidiger soll durch seine Gegenaktion einen Punkt erreichen.

- An der Pratze werden nach ausgeführter Technik verschiedene Lösungswinkel zum Partner ausprobiert.

2.11 Die Dokumentation taktischer Kategorien durch Videoanalyse

Der von Streif (1994) entwickelte Videoanalyse-Bogen erfasst die punktrelevanten Handlungen, das heißt die Techniken der Kämpfer. Diese Art der Videoanalyse erlaubt Aussagen über die Häufigkeitsverteilung der Techniken, ihre Seitigkeit, die Trefferfläche beim Gegner, die Intention (offensiv oder defensiv) und den Erfolg. Wie weiter oben ausgeführt wurde, liegt das Innovationspotential des Taekwondo-Wettkampfes weniger im Bereich der punktebringenden Techniken (80-90% der Punkte werden von weniger als 6 Techniken erzielt), als vielmehr im Bereich der Vorbereitungshandlungen. Dies führte zu der Überlegung, das vorgestellte Taktikmodell in der Videoanalyse nutzbar zu machen. Jede Kampfhandlung wird nach 8 verschiedenen Kategorien erfasst und damit wird ihr ein Merkmalsbündel zugeordnet, das auch die Vorbereitungshandlungen mit einbezieht. Im folgenden werden diese Kategorien vorgestellt und erläutert.

1. Nummerierung

    Erfahrungsgemäß kann davon ausgegangen werden, dass in der Mehrzahl der Kämpfe weniger als 20 Techniken pro Runde von einem Kämpfer ausgeführt werden. Reicht der vorliegende Rundenanalysebogen nicht aus, so lässt sich die fortlaufende Nummerierung problemlos auf einem neuen Bogen sicherstellen.

2. Technik

In dieser Kategorie werden die Art der Technik, die Seite, die Intention (offensiv oder defensiv) und die Trefferfläche bzw. der Trefferbereich beim Gegner erfasst.

3. Distanzregulation I

Hier wird dokumentiert, mit welchen Distanzmanövern ein Kämpfer zu seiner Ausgangsposition für die punktrelevanten Techniken kommt, z.B. Distanzverkürzung - Distanzverlängerung - Distanzverkürzung - Einbeziehung des Winkelprinzips.

4. Finten

Die nähere Kennzeichnung der Finten erfolgt in der Darlegung des Notationssystems der Rundenanalyse.

5. Positionierung

Die Dokumentation der Position eines Kämpfers bei der Ausführung einer Technik geht von der Vorstellung einer Uhr aus, bei der der Gegner im Zentrum steht und in die Richtung 6:00 blickt. Kennzeichnet man die Position des ausführenden Kämpfers z.B. mit 3:00, so bedeutet das, dass die Technik von der linken Seite des Gegner aus geschlagen wird.

6. Einzeltechnik/Kombination/Serie

Unter Kombination soll die Verbindung zweier Einzeltechniken verstanden werden, während Serien drei Techniken und mehr umfassen. In dieser Kategorie wird die Nummerierung der zur Kombination/Serie gehörenden Techniken aufgezeichnet z.B.: K (5,6) oder S (7,8,9).

7. Timing

Hier wird erfasst, ob ein regelmäßiger oder unterbrochener Rhythmus vorliegt. Beim unterbrochenen Rhythmus erfolgt eine weitere Unterscheidung in „unterbrochener Rhythmus verzögert" und „unterbrochener Rhythmus überstürzt".

8. Distanzregulation II

   Unter diese Kategorie fällt das Hineingehen in den Clinch oder das Lösen vom Gegner nach dem Winkelprinzip.

2.12 Erläuterungen zum Notationssystem in der Rundenanalyse

1. Nummerierung = 1,2,3,...

2. Techniken

   a. Abkürzungen der punktrelevanten Techniken

   P = Paltung (Spanntritt zum Bauch)

   PP = Dubaldangsang (Doppelpaltung)

   T = Tollyo - Chagi (Halbkreisfußtritt zum Kopf)

   N = Naeryo - Chagi (Fußabwärtsschlag mit Fußsohle oder Ferse zum Kopf)

   D = Dyt - Chagi (Rückwärtsfußtritt)

   Y = Yop - Chagi (Seitwärtsfußtritt)

   M = Mireo - Chagi (Pushkick mit dem hinteren Bein)

   C = Cut - Kick (Pushkick mit dem vorderen Bein)

   H = Huryeo - Chagi (Hakentritt mit dem vorderen Bein)

   A = Ap - Chagi (Vorwärtsfußtritt)

   PT = Pandae - Tollyo - Chagi (Hakentritt aus der Drehung, getroffen wird mit Fußsohle oder Ferse)

J = Jumok - Chirugi (Fauststoß zur Kampfweste mit der Vorderfaust)

b. Seitigkeit

l = links

r = rechts

c. Intention

o = offensiv

dn = defensiv nachzeitig

dv = defensiv gleichzeitig oder vorzeitig, oft handelt es sich bei defensiv vorzeitig ausgeführten Techniken um Techniken zweiter Absicht

d. Trefferbereich/Trefferfläche beim Gegner

g = Flankenseite, geschlossene Seite

b = Bauchseite, offene Seite

e. Erfolgsgrad der Technik

X = Technik mit Kontakt

X- = Technik ohne Kontakt

X+ = klarer Punkt

Zur Veranschaulichung dieses Notationssystems der verwandten Techniken sollen zwei Beispiele aufgeführt werden. Zum Beispiel bedeutet:

P l o b + = Paltung links in offensiver Intention, der auf der offenen Seite = Bauchseite landet und einen klaren Punkt ergibt

PP lr dn gb = Doppelpaltung links-rechts, defensiv nachzeitig, erste Technik landet auf der geschlossenen Seite, die zweite auf der offenen Seite

3. Distanzregulation I

    K = Distanzverkürzung

    L = Distanzverlängerung

    N = distanzneutrales Verhalten z.B. durch Wechselstep (Winkelprinzip)

4. Finten

    DF = Distanzfinte, z.B. durch eine Kombination von Distanzverkürzung/Distanzverlängerung

    TF = Technikfinte, d.h. die Technik, die als Finte gedacht ist, wird nicht völlig ausgeschlagen, da es sich sonst in Verbindung mit einer oder mehreren anderen Techniken um eine Kombination bzw. Serie handelt

    KF = Körperfinte mit Schulter oder Hüftachse

    BF = Blickfinte, meist in der Videoanalyse nicht festzustellen

    AF = Akustikfinte, z.B. Kihap (Kampfschrei), Klatschen mit der Hand gegen den Oberschenkel o.ä.

5. Positionierung

    Die Dokumention erfolgt durch Angabe der Uhrzeit in Relation zur Position des Gegners als Mittelpunkt eines fiktiven Ziffernblatts, z.B. 13:30 bedeutet, dass der Kämpfer sich schräg links im Rücken des Gegners befindet.

6. Einzeltechnik/Kombination/Serie

    E = Einzeltechnik

    K = Kombination (= zwei Techniken)

    S = Serie (= drei und mehr Techniken)

7. Timing

    rR = regelmäßiger Rhythmus

    uR = unterbrochener Rhythmus

    uRv = u.R. verzögert

    uRü = u.R. überstürzt

8. Distanzregulation II

    Cl = Clinch = Lösen vom Gegner im Winkelprinzip, z.B. bedeutet 9:00, dass sich der Kämpfer nach dem Kontakt im rechten Winkel nach links vom Gegner löst.

2.13 Schlusswort

Die kategoriale Ausdifferenzierung und Erfassung der Komplexität des Kampfes geschieht nicht zum Selbstzweck. Die gedankliche Struktur, die bei Trainer und Schüler bezüglich des Aufbaus des Wettkampfes und seiner Parameter existiert, bestimmt die Ableitung von bestimmten Trainingsmaßnahmen und schärft die Sicht bei der Aufdeckung von Stärken und Schwächen beim eigenen Schüler und bei fremden Athleten. Eine aus einer solchen Struktur entwickelte Videoanalyse dokumentiert den Leistungsstand unter Druck beim Athleten und kann so als ein wertvolles Hilfsmittel der Trainingssteuerung fungieren.

Wenn dieses Buch dazu beiträgt, dass Lehrer und Schüler Anregungen zu einer besseren Trainingsgestaltung erhalten, so hat es seinen Zweck erfüllt.

3 Anhang

3.1 Anhang 1 - Dojang-Etikette

Die Dojang-Etikette hat die Funktion, einen reibungslosen Ablauf des Unterrichts zu gewährleisten. Das geschieht durch die Festlegung der Beziehungsebenen, die durch den Unterricht betroffen werden. Nach Meinung des Autors darf eine solche Festschreibung von Vorschriften nicht autoritär festgesetzt werden, sondern muss in jedem Punkt durch die zu erfüllende Funktion *begründbar* sein. Während des Unterrichts bedürfen drei Beziehungsebenen der Regelung:

a) *Beziehung der Schüler und des Lehrers zu dem Raum, in dem der Unterricht stattfindet (=Dojang)*

Inhaltlich werden in diesem Punkt die *Hygienevorschriften* und das *allgemeine Verhalten* im Dojang erfasst:

- kein Schmuck
- kurze Finger- und Fußnägel
- einheitliche Kleidung
- sauberer Dobok (Taekwondo-Anzug)
- gewaschene Füße
- während des Unterrichts soll nicht geraucht, gegessen oder getrunken werden
- kein Alkohol
- im Dojang soll Ordnung gehalten werden

b) *Beziehung der Schüler untereinander*

Im Verhalten der Schüler untereinander sollen *gegenseitiger Respekt und Achtung voreinander* ohne Rücksicht auf die Graduierung zum Ausdruck kommen.

Das zeigt sich in

- der *Verbeugung* als Zeichen der Achtung beim Eintritt in das Dojang, vor und nach Partnerübungen und beim Verlassen des Dojangs
- der *Pflicht, mit allen Partnern zu üben.* Vorlieben und Abneigungen dürfen im Taekwondo-Unterricht keine Rolle spielen!
- *gegenseitiger Verantwortung.* Das bedeutet *Rücksichtnahme* und, wenn möglich, Hilfestellung durch den Partner. Überheblichkeit und Geltungssucht sind beim Taekwondo fehl am Platz und sind durch den Lehrer zu unterbinden. Höhergraduierte sind für das Fortkommen und die Entwicklung der Anfänger und niedriger Graduierten mit verantwortlich.

c) *Beziehung von Schülern und Lehrer zueinander*

Im Idealfall soll der Lehrer *Fachautorität* und *menschliches Vorbild* sein. Daraus resultieren für die Schüler folgende Verhaltensrichtlinien:

- Respekt vor der Fachautorität
- Konzentration auf die Erklärungen und Bewegungsanweisungen des Lehrers und das Bemühen um die bestmögliche Umsetzung
- während des Unterrichts sollen keine fachfremden Gespräche geführt werden.

Für den Lehrer besteht die Verpflichtung der

- *Gleichbehandlung aller Schüler* ohne Rücksicht auf Graduierung, Sympathie oder Antipathie
- Der Unterricht soll in *freundschaftlicher Atmosphäre* stattfinden und von *gegenseitiger Achtung* geprägt sein

3.2 Anhang 2 - Beispiele für einen Taekwondo-Zirkel zur Schulung der speziellen Ausdauer

Übungsdauer: 30 sec.
Pause: 30 sec.

a) Stationen:[*]

1. Paltung-Chagi auf die Pratze, rechts und links zusammen: 1 Punkt
2. Steps: Aus der Parallelstellung einmal rechts vor, einmal links vor, zusammen: 1 Punkt
3. Miro-Chagi - Dwit-Chagi: 1 Punkt
4. Faust: vorne-hinten (Pandae-Chirugi - Paro-Chirugi), Schrittwechsel, je Schrittwechsel: 1 Punkt
5. Dollyo-Chagi mit dem Fußspann auf die Pratze in Kopfhöhe: je 1 Punkt
6. Steps: Aus der Parallelstellung Übersetzschritt rechts und links vorwärts, zusammen: 1 Punkt
7. Pandae-Dollyo-Chagi auf die Pratze, je : 1 Punkt
8. Faust: hinten-vorne (Paro-Chirugi - Pandae-Chirugi), Schrittwechsel, je Schrittwechsel: 1 Punkt
9. Naeryo-Chagi, je: 1 Punkt
10. Dwit-Chagi antäuschen, um 360° drehen, Paltung-Chagi mit dem gleichen Bein auf die Pratze, je: 1 Punkt

---

[*] Dieser Zirkel eignet sich für Schüler, deren Grundtechniken weitgehend gefestigt sind.

b) Stationen:*

1. Paltung-Chagi, das Trittbein absetzen, in Trittrichtung weiterdrehen und nochmals Paltung mit demselben Bein: 1 Punkt
2. Naeryo-Chagi mit dem vorderen Bein, mit dem hinteren Bein Dwit-Chagi: 1 Punkt
3. Aus der Kampfstellung wird mit dem hinteren Arm geblockt und mit der vorderen Faust gekontert, wobei das hintere Bein um ca. 45° aus der Angriffslinie weggestellt wird, rechts und links zusammen: 1 Punkt
4. 360° drehen und Pandae-Dollyo-Chagi antäuschen, rechts und links zusammen: 1 Punkt
5. Paltung-Chagi mit dem vorderen Bein, Pandae-Dollyo-Chagi mit dem hinteren Bein: 1 Punkt
6. Miro-Chagi mit dem vorderen Bein, Trittfuß am Standbein absetzen, mit dem hinteren Bein Naeryo-Chagi treten: 1 Punkt
7. Eingesprungener Dwit-Chagi, brusthoch: 1 Punkt
8. Dollyo-Chagi zum Kopf mit dem vorderen Bein, weiterdrehen und Paltung-Chagi: 1 Punkt
9. Dwit-Chagi, weiterdrehen, Paltung-Chagi: 1 Punkt
10. Um 360° drehen und Pandae-Dollyo-Chagi antäuschen, Ein-Schritt-Technik vorwärts, Pandae-Dollyo-Chagi: 1 Punkt

---

* Dieser Zirkel ist für fortgeschrittene Schüler gedacht.

3.3 Anhang 3 - Videoanalyse

**Kurzbeschreibung für Videoanalyse
nach Jürgen Höller**

2. Technik

Techniken		Seite		Intention		Trefferbereich		Erfolgsgrad
P	Paltung	l	links	o	offensiv	g	geschlossen	X Kontakt
PP	Doppelpaltung	r	rechts	dn	defensiv nachz.	b	Bauchseite	X- ohne Kontakt
T	Tollyo zum Kopf			dv	defensiv vor-/gleichzeitig			X+ Punkt
N	Naeryo							
D	Dyt							
Y	Yop							
M	Mireo (Pushkick)							
C	Cut (Push mit Vorderbein)							
H	Huryeo (Hakentritt mit Vorderbein)							
A	Ap							
PT	PandaeTollyo							
J	Jumok							

3. Distanzregulation I

- **K** Dinstanzverkürzung
- **L** Distanzverlängerung
- **N** Distanzneutrales Verhalten   z.B. Wechselstep = Winkelprinzip

4. Finten

DF	Distanzfinte	Verkürzung oder Verlängerung
TF	Technikfinte	Technik nicht ausgeschlagen
KF	Körperfinte	mit Schulter oder Hüftachse
BF	Blickfinte	meist in Videoanalyse nicht feststellbar
AF	Akustikfinte	Kihap, Klatschen auf Oberschenkel o.ä.

5. Positionierung

Angabe der Position des Gegners in Uhrzeit, z.B. 6.oo Uhr -> gegenüber

6. Einzeltechnik/Kombination/Serie

- **E** Einzeltechnik
- **K** Kombination
- **S** Serie

7. Timing

- **rR** Regelmäßiger Rhythmus
- **uR** unregelmäßiger Rhythmus
- **uRv** u.R. verzögert
- **uRü** u.R. überstürzt

8. Distanzregulation II

- **Cl** Clinch
- **↲** Lösen vom Gegner im Winkelprinzip

**Videoanalysebogen
nach Jürgen Höller**

Kampf: _____
Datum _____
Ort: _____
Meisterschaft: _____

Bemerkungen zum Kampf

1. Kampfstil

2. Konditioneller Verlauf

3. Seitenpräferenz

4. Angriffsindikatoren

5. Bevorzugte Techniken

6. Distanzregulation

7. Deckungsverhalten

8. Erkennbare Muster

9. Trainingskonsequenzen

Rundenanalyse

Kampf: _____   Runde: _____

	1. Technik	2. Technik	3. Technik	4. Technik	5. Technik	6. Technik	7. Technik	8. Technik	9. Technik	10. Technik
1. Nummer										
2. Technik										
3. Distanzreg. I										
4. Finten										
5. Positionierung										
6. Einzelt./Komb./Serie										
7. Timing										
8. Distanzreg. II										

	11. Technik	12. Technik	13. Technik	14. Technik	15. Technik	16. Technik	17. Technik	18. Technik	19. Technik	20. Technik
1. Nummer										
2. Technik										
3. Distanzreg. I										
4. Finten										
5. Positionierung										
6. Einzelt./Komb./Serie										
7. Timing										
8. Distanzreg. II										

Rundenanalyse
Kampf: _____   Runde: _____   (Ab Technik 21)

	21. Technik	22. Technik	23. Technik	24. Technik	25. Technik	26. Technik	27. Technik	28. Technik	29. Technik	30. Technik
1. Nummer										
2. Technik										
3. Distanzreg. I										
4. Finten										
5. Positionierung										
6. Einzelt./Komb./Serie										
7. Timing										
8. Distanzreg. II										

	31. Technik	32. Technik	33. Technik	34. Technik	35. Technik	36. Technik	37. Technik	38. Technik	39. Technik	40. Technik
1. Nummer										
2. Technik										
3. Distanzreg. I										
4. Finten										
5. Positionierung										
6. Einzelt./Komb./Serie										
7. Timing										
8. Distanzreg. II										

Beispiel einer Videoanalyse:

Videoanalysebogen

Kampf: XXXXXXX, XXXXXX vs. ZZZZZZZZ, ZZZZ (– 83 Kg)
Datum: 28.5. 19XX
Ort: Hameln
Meisterschaft: Deutsche Einzelmeisterschaft 19XX (Endkämpfe)

Bemerkungen zum Kampf

1. Kampfstil
   defensiv, linear (bewegt sich fast nur auf der Kampflinie)
   provokativ an der Grenze zur Arroganz (Gestik, Auftreten)

2. Konditioneller Rundenverlauf
   Keine Einbrüche, gleichbleibendes Niveau in allen 3 Runden

3. Seitenpräferenz
   Links

4. Angriffsindikatoren
   Betont entspannte Haltung vor Angriffen

5. Bevorzugte Techniken
   Haltung links, rechts defensiv, Naeryo-Chagi links, meist als Einzeltechnik, wenige Kombinationen und Serien, schlägt häufig zu tief und in die geschlossene Seite

6. Distanzregulation
   fast nur auf der Linie, sowohl in Distanzregulation I und II

7. Deckungsverhalten
   Arme längend und locker, keine Kopfdeckung

8. Erkennbare Muster
   läßt den Gegner angreifen und kontert → berechenbar
   Angriffe und Konter direkt, kein kreatives Kampfbild →
   Defizite bei Finten und Vorbereitungshandlungen

9. Trainingskonsequenzen
   Einbau von Finten in den Kampfstil, verstärkte Beachtung des Winkelprinzips beim Angriff und beim Lösen vom Gegner, Kombinationen und Serien

Rundenanalyse

Kampf: XXXXXXX, XXXX   vs.   **Runde:** 1

	1	2	3	4	5	6	7	8	9	10
1. Numerierung	1	2	3	4	5	6	7	8	9	10
2. Technik	Prog – Pl.d.b.+	Pl.d.b.+	Pl.o.b.	Pr.d.g zu tief	O.d.b	Angriff Gegner	O.o.b	O.d.o.b	Pr.d.g zu tief	Pl.d.b.+ vord. Bein
3. Distanzreg. I	K	K(gegner)	K	L	L		K(Sg)	L aus Cl	K(Sg)	K(Sg)
4. Finten	9F L–K–L	2. Absicht	∅	∅	∅		∅	∅	∅	∅
5. Positionierung	6:00	6:00	6:00	6:00	6:00		6:00	6:00	6:00	6:00
6. Einzeltechnik/ Komb./Serie	K(1,2)		E	K(4,5)	E		E	E	E	E
7. Timing	u.Rü		+R		+R		+R	+R	+R	+R
8. Distanzreg. II		L 6:00 Cl+3:00			L 6:00	Cl+3:00 dreht sich in die rechte Faust u. Gürtel	L+7:00 L 6:00	L 6:00	Trennung durch den KR	L+8:00

	11	12	13	14	15	16	17	18	19	20
1. Numerierung	11	12	13	14	15	16	17	18	19	20
2. Technik	Nra hint. Bein	Prog	Pl.d.b.+ vord. Bein	Pr.d.b.+	Pl.d.b.+ vord. Bein	Nra	Pl.d.b.+	Pl.o.b.	Pl.o.g	Pr.d.o.b
3. Distanzreg. I	K(Sg)	K	K(Sg)	K(Sg)	K(Sg)		L–K 9F		K	K(Sg)
4. Finten	∅	360°	∅	∅	∅				∅	∅
5. Positionierung	6:00	6:00	6:00	6:00	6:00		6:00		6:00	6:00
6. Einzeltechnik/ Komb./Serie	E	E	E	E	E	S(15,17,18)		Pl.o.b.	E	E
7. Timing	+R	+R	+R	u.Rü	+R	u.Rü			u.Rv	+R
8. Distanzreg. II	L(Sg) 6:00 Cl	L+3:00	L 6:00 Cl	L 6:00 Cl	L+7:00			L+4:30	Cl	L 6:00

220

3.4 Anhang 4 —Handlungskomplexe

Ein Handlungskomplex besteht aus der Verknüpfung einer Zentral- oder Haupttechnik mit verschiedenen situativen Kontexten. Die Technik, die betrachtet wird, ist kein isoliertes Element im komplexen Kampfgeschehen, sondern existiert eingebettet in eine potenzielle Anzahl von vor- und nachbereitenden Aktionen.

Die grafische Darstellung eines Handlungskomplexes bildet eine Strukturierungshilfe für den Trainer, die es ihm erlaubt, verschiedene Schwerpunkte beim Training einer Technik zu betonen, ohne die Gesamtheit einer Kampfaktion aus dem Auge zu verlieren.

Aus einem Handlungskomplex lassen sich unterschiedliche Handlungsketten herausfiltern, die aus verschiedenen Modulen bestehen, die um die Zentraltechnik gruppiert sind. Handlungsmodule haben neben der strukturierenden auch eine kreative Funktion, da der Kämpfer um seine Zentraltechnik individuelle Eröffnungen und Sicherheitsmechanismen einbaut, die insgesamt die variable Verfügbarkeit der Technik erhöhen.

Die folgenden Handlungskomplexe haben exemplarischen Charakter und erheben keinen Anspruch auf Vollständigkeit.

Handlungskomplex Naeryo-Chagi

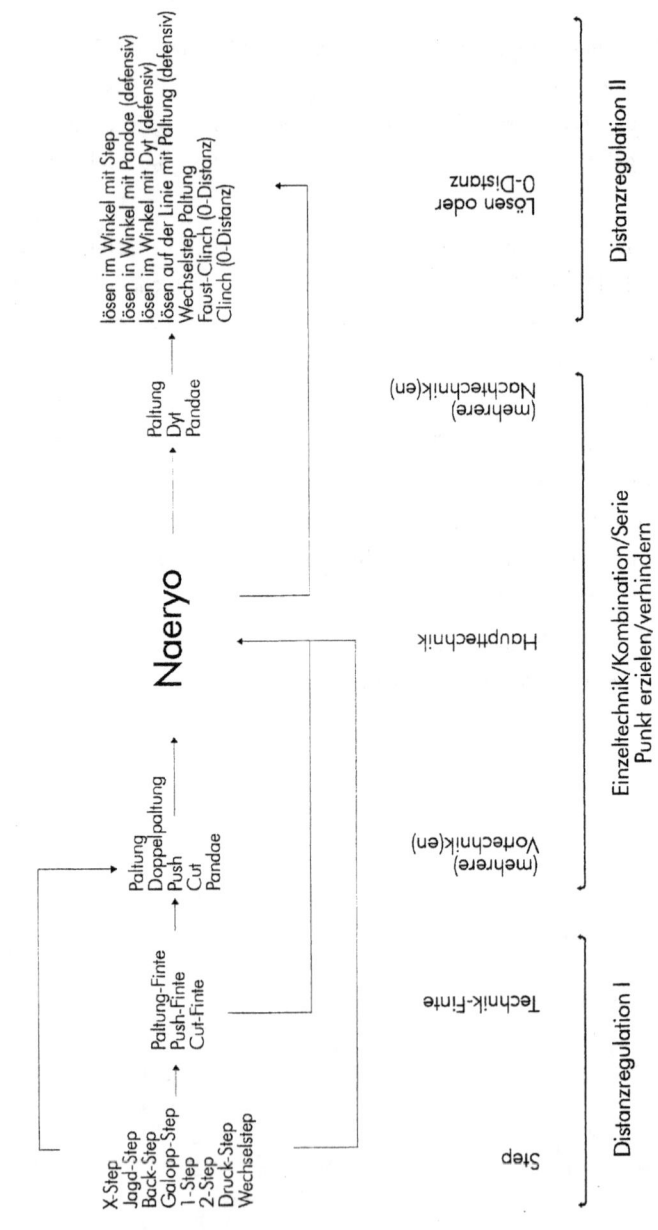

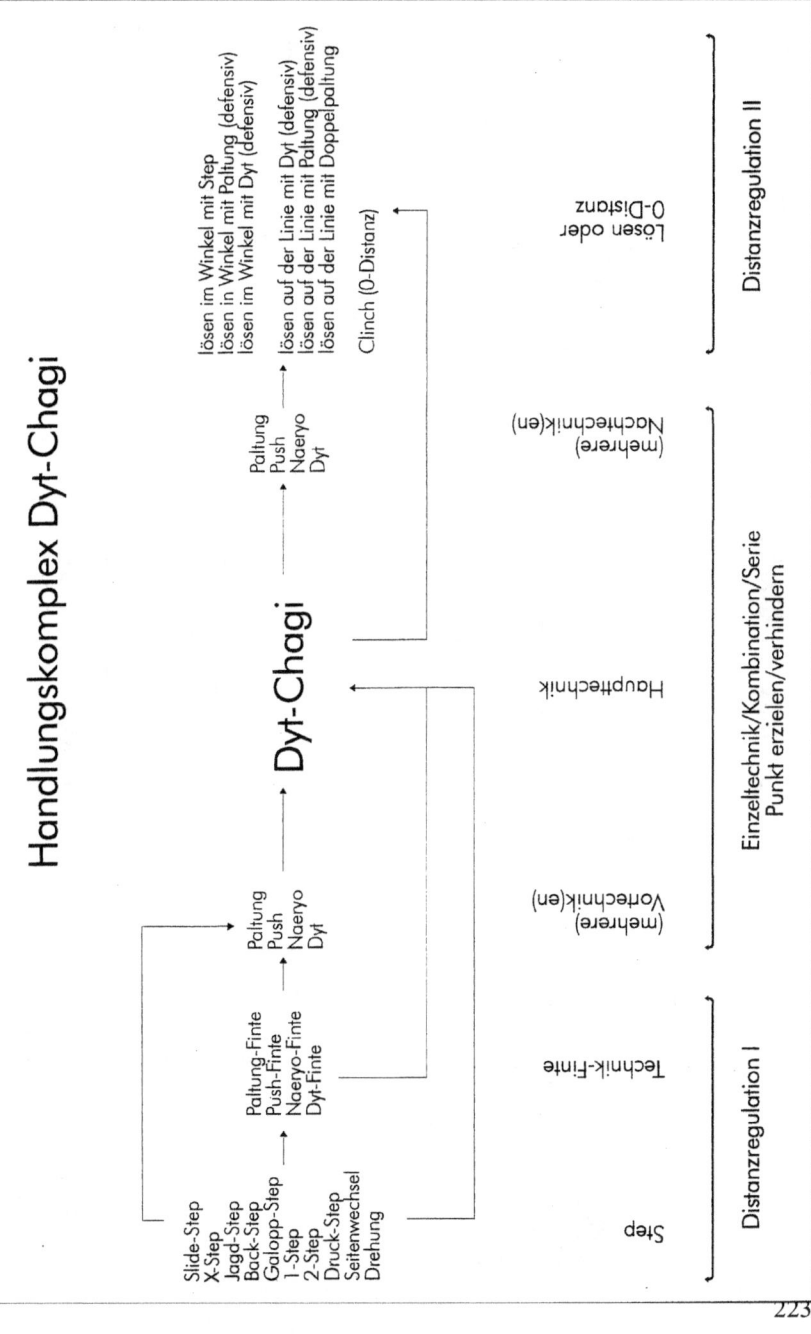

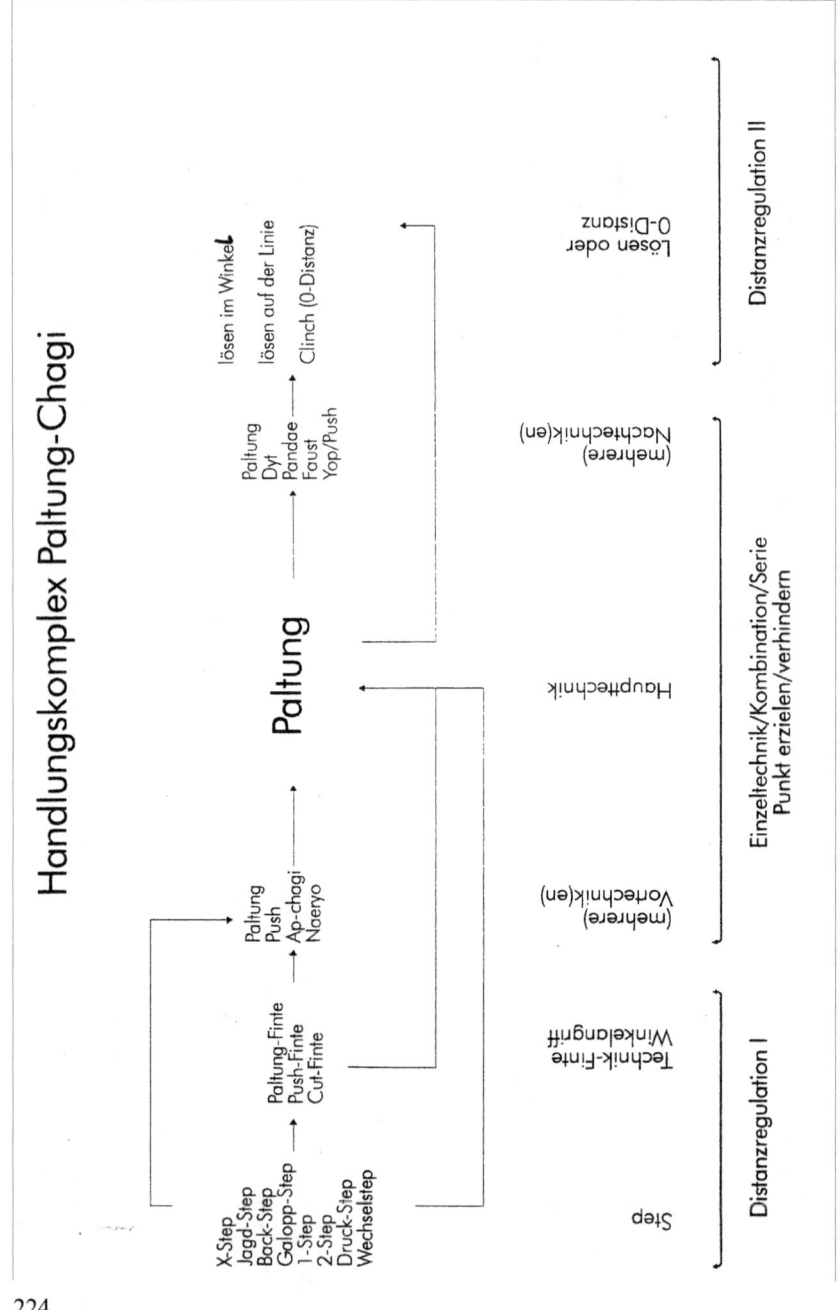

4 Literatur

Adamy, István,
Kyokushin Karate,
Budapest 1985

Anderson, Dan,
American Freestyle Karate, A Guide to Sparring,
Hollywood, Calif. 1980

Ashihara, Hideyuki,
More Fighting Karate
Tokio 1989

Barham, Jerry N.,
Mechanische Kinesiologie,
Stuttgart-New York 1982

Barth, Berndt,
Probleme einer Theorie d. Strategie und Taktik d. Wettkampfes im Sport in:
Theorie und Praxis der Körperkultur (TPKK) 1980, Nr. 2, S. 127 - 135

Ders.
Fechten,
2. Auflage, Berlin 1979

Barth, Bernd / Kirchgässner, Helmut
Traingsmethodische Ansätze zur zielgerichteten Entwicklung des Zweikampfverhaltens unter dem besonderen Gesichtspunkt der Situationsangemessenheit
in: TPKK 1982, Nr. 9, S. 674-680

Beissner, Claus / Birod, Manfred
Judo - Training, Taktik
Reinbek bei Hamburg 1977

Blum, Bruno / Wöllzenmüller, Franz,
Stretching: Bessere Leistungen in allen Sportarten,
Oberhaching 1985

Blume, Dolf-Dietram,
Grundsätze und methodische Maßnahmen zur Schulung koordinativer Fähigkeiten,
in TPKK 27 (1978), S. 141 - 149

Ders.
Kennzeichnung koordinativer Fähigkeiten und Möglichkeiten ihrer Herausbildung im Trainingsprozeß
in: Wiss. Zeitschr. d. DHfK Leipzig 22 (1981), Nr. 3, S. 17 - 39

Bolz, Peter,
Taekwondo als Schulsport
in: TAEKWONDO AKTUELL,
Nr. 9/90 Sept. 14. Jhrg. S. 19 - 21

Brandt, Horst,
Die erzieherische Bedeutsamkeit asiatischer Kampfkünste am Beispiel Taekwondo-Do,
Diplomarbeit, Köln, 1983

Brockers, Wolfgang / Bratzendorf, Erhard / Müller, Hubert,
Karate methodisch lehren und üben,
Mönchengladbach 1983

BUDO INTERNATIONAL, Karate Koshiki, Tradition & Future II. Teil
in: Budo International, Das Kampfsportmagazin Nr. 10, 1990 Okt., 4. Jhrg.,
S. 8-12

Ceurremans, Marco,
Warum Karate bei Kindern
in: Karate-budo journal, Nr. 11 /1984, 9. Jhrg., s. 20 - 22

Choi, Hong Hi,
Taekwon-Do (The korean Art of Self-Defence),
A text book for beginning and advanced students,
Hongkong 1972

Chong Lee,
Dynamische Tritte, Grundlagen für den Zweikampf,
Niedernhausen / Ts. 1978

Clemens, Erich / Metzmann, Otto / Simon, K.H.,
Judo als Schulsport,
Schorndorf 1989

Czajkowski, Zbigniew,
Zur Taktik d. Fechtens - die Vorbereitungshandlungen
in: Leistungssport 12. Jhrg. 1982, Nr. 1, S. 59 - 61

Degtjarow, I.P. / Dsherojan, G.O.,
Faktorenanalyse d. Schnelligkeitseigenschaften von Boxern
in: Beiheft zu Leistungssport, Kampfsport II, 19, Sept. 1979, S.5 - 14

Deshimaru-Roshi, Taisen,
Zen in den Kampfkünsten Japans,
München 1978

Dolin, Alexander u.a. ,
Kempo - Die Kunst des Kampfes Ostasiatische Kampfsportarten,
Berlin 1988

DTU (Deutsche Taekwondo Union) Hrsg. ,
Regelwerk der Deutschen Taekwondo Union, Loseblattsammlung,
Stand April 1990,
Leipheim 1990

Eberspächer, Hans (Hrsg),
Handlexikon Sportwissenschaft,
Reinbek bei Hamburg 1987

Farfel, W. S.,
Bewegungssteuerung im Sport,
Berlin (Ost) 1977

Fiedler, Horst, (Leitung d. Autorenkollektivs),
Boxsport,
Berlin (Ost) 1976

Fredersdorf, Frederic,
Japanische Budo-Disziplinen und abendländische Bewegungskultur. Entstehung, Verbreitung und Aneignung kulturfremder Sportarten am Beispiel japanischer Kampfkünste,
Berlin 1986

Fromm, Erich,
Anatomie der menschlichen Destruktivität, 2.Aufl.
Stuttgart 1977

Gain, Walter / Hartmann, Jürgen / Tünnemann, Harald,
Ringen,
Berlin 1980

Gil, Konstantin,
Illustriertes Handbuch des Taekwondo - Koreanische Kampfkunst und Selbstverteidigung, Niedernhausen / Ts. 1978

Goldner, C. G.,
Fernöstliche Kampfkunst, Zur Psychologie d. Gewalt im Sport,
München 1988

Grundmann, Michael,
Die Niederlage ist ein Sieg - Tradition, Geist und Technik des asiatischen Kampfsports,
Düsseldorf, Wien 1983

Haase, Henning / Mayer, Hannelore,
Optische Orientierungsstrategie von Fechtern
in: Leistungssport, 8.Jhrg., 1978, Nr. 3, s. 191 - 200

Hagedorn, Günter,
Spielen,
Reinbek bei Hamburg, 1987

Hahn, Erwin,
Kindertraining, Probleme, Trainingstheorie, Praxis,
München, Wien, Zürich, 1982

Haines, Bruce A.
Karate's history and traditions
Rutland, Vermont, Tokyo, 1995 (3rd revised printing)

Harre, Dietrich (Autorenkollektiv)
Trainingslehre, Einführung in d. Theorie und Methodik d. sportlichen Trainings, 8. Aufl.,
Berlin (Ost), 1979

Hassell, Randall G.,
On the Hard Way,
in: BLACK BELT - World'sLeading Magazine of Self-Defense, March 1985, S. 96-112

Hassell, Randall G,
Master of all Arts,
in: BLACK BELT, January 1986, S. 96

Hisataka, Masayuki,
Karate-Koshiki, Tradition and Future, II. Teil,
in: Budo International, Nr. 10/1990, S. 8 - 12

Hochmuth, Günter,
Biomechanik sportlicher Bewegungen, 2. Aufl.
Frankfurt 1981

Hofmann, Wolfgang / Kessler, Klaus / Klocke, Ulrich / Bonfranchi, Ricardo,
Judo für die Jugend, Bd.2": Trainieren und Kämpfen,
Bad Honnef, 1977

Ihlo, Heinz (Leitung Autorenkollektiv),
Kampfsport in der Schule,
Berlin 1981

Iranyi, Paul
Probleme der Automatisation beim Fechttraining
in: Leistungssport 1973, Nr. 2, S. 114-118

Jakhel, Rudolf,
Modernes Sport-Karate,
Wuppertal 1989

Jonath, Ulrich (Hrsg),
Lexikon Trainingslehre, Von Abhärtung bis Zyklus,
Reinbek bei Hamburg 1986

Jung, Dirk,
Sandsacktraining im Taekwondo (I + II),
in: Karate-budo journal, Nr. 8/84, S. 4 - 9, Nr. 10/ 84, S. 35 - 37

Kapkowski a, Gilbert,
Die Ausbildung der Ausbilder, Acht Thesen zum Taekwondo-Wettkampftraining,
in: TAEKWONDO aktuell, Offizielles Fachorgan der Deutschen Taekwondo Union, 14. Jhrg., 1988, Nr. 7, S. 21

Kapkowski b, Gilbert,
Kampfkunst oder Kampfsport?,
in: Taekwondo aktuell 1988, Nr. 10, S. 10-12

Kelch, Alexander,
Ausführung eines Bruchtests,
in: Taekwondo aktuell 1/1988, S. 13

Kelch, Alexander,
Grundlagen und Gliederung des Taekwondo-Trainings,
in: Taekwondo aktuell 9 /90, S. 9-12

Kernspecht, Keith Ronald,
Vom Zweikampf, Strategie, Taktik, Physiologie, Psychologie, Philosophie und Geschichte d. waffenlosen Selbstverteidigung,
Burg/Fehmarn 1987

Kim, Man Kuem,
Taekwondo Lehrbuch,
Köln 1985

Kirchgässner, Helmut

Persönlichkeitspsychologische Grundlagen und trainingsmethodisches Vorgehen bei der Herausbildung des Zweikampfverhaltens (Thesen) in: TPKK 1984, Nr.5, S. 385-390

Ders.

Theoretische Grundlagen und trainingsmethodische Überlegungen zur Gestaltung des Kampfsituationstrainings in den Zweikampfsportarten

in: Wiss. Zeitschr. der DHfK 1986, Nr. 1, S. 113-121

Knebel, Karl-Peter,

Funktionsgymnastik, Training, Technik, Taktik,

Reinbek bei Hamburg 1985

Ko, Eui Min,

Tae-Kwon-Do (Gyorugi), Kompendium der Wettkampftechnik im Tae-Kwon-Do nach W.T.F.-System,

München 1980

Kono, Teruo / Oehsen, Elke v.,

Karate, Training, Technik, Taktik,

Reinbek bei Hamburg 1986

Kreiss, F.,

Verhaltens- und Führungsstile der Übungsleiter,

in: DSB - Der Übungsleiter, 5 / 1979, S. 11

Kubota, Takayuki, Gosoku-Ryu

Karate Kumite I, Unique Publ.,

Hollywood, Calif. 1980

Kulot, Georg,

Ju-Jutsu als Wettkampf,

Niedernhausen / Ts. 1986

Kwon, Jae Hwa,
Zen-Kunst d. Selbstverteidigung , Taekwon-do-Karate,
Bern, München, Wien, 4. Aufl., 1982

La Tourette a, John,
Secrets of American Kung-Fu - Kenpo-Karate - 2. Aufl.,
Boise, Idaho, 1982

La Tourette b, John,
Mental Training of a Warrior - Street combat survival training
for professional adventurers and advanced martial artists, 6. Aufl.,
Boise, Idaho, 1982,

Lee, Bruce,
Bruce Lees Jeet Kune Do,
Niedernhausen /Ts. 1978

Lemmens, Geert,
Kickboxen: Fitnesstraining und Wettkampfsport,
Niedernhausen / Ts. 1986

Lempart, Tomasz,
Ausgewählte Aspekte zu einer Theorie der Kampfsportarten,
in: Beiheft zu Leistungssport, Informationen zum Training, Kampfsport I, Sportwiss. Beiträge zum Boxen, Fechten, Judo, Ringen,
18. November 1979, S. 4 - 28

Letzelter, Manfred,
Trainingsgrundlagen, Training, Technik, Taktik,
Reinbek bei Hamburg 1978

Letzelter, Manfred,
Kondition,
in: Eberspächer, Hans (Hrsg.) Handlexikon Sportwissenschaft,
Reinbek bei Hamburg 1987, S. 177 - 190

Mahlo, Friedrich,
Theoretische Probleme d. taktischen Ausbildung in d. Sportspielen I - III,
in: TPKK 1965, Nr. 9, S. 809-815, Nr. 11, S. 970-979, Nr. 12, S. 1075-1082

Maslak a, Paul,
What the masters know - The sciences und psychology of strategic fighting,
Unique Publ.,
Hollywood, Calif. 1980

Maslak b, Paul,
Strategy in unarmed combat - The science of champions,
Unique Publ.,
Hollywood, Calif., 1980

Meinel, Kurt / Schnabel, Günter (Autorenkollektiv),
Bewegungslehre - Sportmotorik - Abriß einer Theorie der sportlichen Motorik unter pädagogischem Aspekt,
Aufl., Berlin 1987

Nadler, Fritz,
Handbuch für den Judo-Lehrer,
Sprendlingen 1969

Nakayama, Masatoshi,
Dynamic Karate, Instruction by the Master,
Tokyo, Japan & Palo Alto, Calif., 1967

Nakayama, Masatoshi,
Nakayamas Karate perfekt 2, Grundtechniken,
Niedernhausen /Ts. 1980

Obereisenbuchner, Matthias,
Kyudo - Der Weg des Bogens,
Düsseldorf 1987

Oehsen, Elke von,
Die Reaktionszeit im Karate,
in: Karate-budo journal Nr. 4s, 1985, S. 9 - 10

Oshima, Kotaro / Ando, Kozo,
Kendo - Lehrbuch des japanischen Schwertkampfes
Berlin 1979

Park, Soo Nam,
Wettkampf-Taekwondo,
Stuttgart 1984

Paschy, Roger,
Kick Boxing „muay thai",
Boulogne, 1982

Pflüger a, Albrecht,
Kontakt-Karate Ausrüstung Technik Training
Niedernhausen / Ts. 1982

Pflüger b, Albrecht,
Karate für Frauen und Mädchen, Sport und Selbstverteidigung,
Niedernhausen / Ts. 1982

Platon, Der Staat,
Jubiläumsausgabe bei Artemis, Bd. IV,
Zürich, München, 1974

Rebac, Zoran,
Thai-Boxen, .. der Vollkontakt-Kampfsport aus Asien,
Berlin 1985

Reichmann, Udo,
„Modernes Karate", Darstellung einer Neukonzeption auf dem Hintergrund der traditionellen Form (unveröffentl.Staatsexamensarbeit),
Bonn 1982

Ritzdorf, W.,
Visuelle Wahrnehmung und Antizipation,
Schorndorf 1982

RLS = Richtlinien Sport,
Richtlinien und Lehrpläne für den Sport in den Schulen im Lande NRW, Bd. V, Gymnasiale Oberstufe,
Köln 1981

Roth, Klaus,
Strukturanalyse koordinativer Fähigkeiten, Empirische Überprüfung koordinations-theoretischer Konzepte,
Bad Homburg v. d. Höhe, 1982

Schmidt, R. F. / Thews, G.,
Physiologie d. Menschen,
Berlin, Heidelberg, New York, 2.0. Aufl., 1980

Schmidtbleicher, Dietmar,
Maximalkraft und Bewegungsschnelligkeit,
Bad Homburg v. d. H. 1980

Schuyver, Mark van,
Brutal Basics of Thai Pad Training,
in: Martial Arts Training, November 1979, Burbank, Calif. S. 22 - 25

Sebej, Frantisek,
Goju-Ryu-Karate für Einsteiger,
Berlin 1990

Shiomitsu, Masafumi,
Dynamic Kicking Methods,
Tiptree, Essex U.K., 1985

Sonnenschein, Inge,
Verbesserung der Wahrnehmungsfähigkeit als Bestandteil taktischen Trainings,
in: Leistungssport 3 /89, S. 21 - 24

Stiebler, Georg / Kohnert, Jochen,
Jiu-Jitsu, Teil 1,
Unna, 1984

Streif, Georg
Taekwondo Modern
Videoanalysen, Statistiken, Anforderungsprofil und Trainingsplanung im Freikampf
Wehrheim/Ts. 1994

Suzuki, Daisetz Teitaru,
Der westliche und der östliche Weg,
Frankfurt-Berlin-Wien, 1971

Thieß, Günter / Schnabel, Günter (Autorenkollektiv),
Grundbegriffe des Trainings,
Berlin 1986

Tiwald, Horst,
Psycho-Training im Kampf- und Budo-Sport, Zur theoretischen Grundlegung des Kampfsports aus d. Sicht einer auf den Zen-Buddhismus basierenden Bewegungs- und Trainingstheorie,
Ahrensburg bei Hamburg, 1981

Türnau, Detlef, Muay-Thai,
Thai-Boxing,
Bad Homburg v. d. H. 1987

Völp, Andreas,
Aufmerksamkeitsstile und sportliche Leistung,
in: Leistungssport 1987, Nr. 4, S. 19 - 23

Vossius, G.,
Das System d. Augenbewegungen,
in: Zeitschrift f. Biologie 112, 1960

Weber, Georg F.,
Die Biomechanik der Shotokan-Karate-Techniken unter der besonderen Berücksichtigung der Kampfstellungen,
Erlangen, 1984

Weineck, Jürgen
Optimales Training
Erlangen 1986

Wichmann, Wolf-Dieter,
Richtig Karate 2, Kampftechniken,
München, Wien, Zürich, 1988

Willimczik, Klaus,
Biomechanik,
in: Eberspächer, Hans (Hrsg.),
Handlexikon Sportwissenschaft,
Reinbek bei Hamburg, 1987, S.70 - 80

WORLD TAEKWONDO FEDERATION,
Taekwondo,
Seoul (1.5.1986)

www.ingramcontent.com/pod-product-compliance
Lightning Source LLC
Chambersburg PA
CBHW051809230426
43672CB00012B/2672